GEORGES LAUGA

DISCIPLINES

méthodes protestantes
d'éducation

" LA CAUSE "

GEORGES LAUGA

DISCIPLINES

méthodes protestantes
d'éducation

ÉDITIONS DE
" LA CAUSE "
69, rue Perronet
NEUILLY (SEINE)

Nous publions ici la deuxième série des Conférences Protestantes *organisées par* La Cause, *le jeudi à midi, et radio-diffusées par la* Compagnie française de Radiophonie.

G. L.

I

A qui appartient l'Enfant

Les naturalistes nous enseignent que, lorsqu'un incident destructeur vient démolir ce
chef-d'œuvre de patience et d'habileté qu'est
une fourmilière, le premier soin des petites
sinistrées est de sauver l'avenir, en emportant
dans la profondeur des galeries souterraines
les larves et les œufs que la catastrophe
épargna.

Il en est exactement de même dans l'histoire
de la société des hommes. Toujours, au len-
demain des cataclysmes qui fondent sur elle
parce qu'elle vit dans le désordre, la famille
humaine se sent contrainte d'entourer d'une
vigilance plus attentive ceux qui doivent
sauvegarder ses lendemains. Si les problèmes
de l'éducation sont au programme de toutes
les générations, c'est un fait que, depuis la
guerre, ils semblent se poser avec une acuité
renouvelée et en quelque manière plus tragique
que par le passé. Les parlements mettent

à leur ordre du jour la réforme de l'enseignement ; les spécialistes et même ceux qui le sont
moins, multiplient leurs travaux sur les états
d'âme et l'orientation de la jeunesse contemporaine ; les Églises placent au premier rang
de leurs préoccupations, le devoir de préserver
l'enfance et l'adolescence des dangers qui les
menacent ; dans les foyers eux-mêmes, enfin,
un anxieux désir de renoncer à certains errements, en matière d'éducation, semble se faire
jour chez les parents — j'entends dans les
vrais foyers, qui croient à l'obligation sainte de
perpétuer la vie, et qui considéreraient comme
un déshonneur de se faire les complices du
meurtre de la race.

En proposant à l'attention de tous ceux qui
suivent nos causeries protestantes cette nouvelle série d'études sur nos principes d'éducation religieuse, nous avons donc conscience
d'aborder un sujet non seulement d'actualité,
mais qui nous permettra peut-être d'aider dans
leur labeur sacré, et quelle que soit la famille
spirituelle dont ils se réclament, tous ceux qui
regardent vers l'enfant et songent, en tremblant,
que c'est à eux qu'il appartient de faire de lui
un homme.

Pareils entretiens nous semblant d'ailleurs dans la suite logique de ceux qui, depuis trois mois, dressèrent devant vous, dans sa divine et parfaite stature, le Christ des Evangiles et de la Foi (1), vous ne vous étonnerez pas que ce soit en Lui que nous cherchions notre inspiration. N'est-ce pas Lui qui comprit, respecta, aima l'âme de l'enfant au point de saluer en elle l'image même du Royaume de Dieu ?

**

C'est un grand malheur qu'autour des problèmes de l'enfance, des discussions passionnées, et parfois trop purement théoriques, aient souvent retardé et même empêché les solutions du simple bon sens et de la calme réflexion, qui sont celles aussi de la conscience et du cœur.

Dans le même temps et suivant les milieux on entend, par exemple, proférer sur la question de savoir à qui appartient l'enfant, des

(1) Voir : F. DÜRRLEMANN : *Jésus, son existence historique, sa vie actuelle.* (Conférences par T. S. F.). Editions de « La Cause ».

axiomes dont l'absolutisme devrait sembler à lui seul quelque peu simpliste.

— L'enfant est à l'Etat, disent les uns.

— Non, il est à l'Eglise dont il a reçu le baptême, disent les autres.

— Il n'est ni à l'Etat, ni à l'Eglise, proclame un troisième dogmatisme, il est à lui-même !

En écartant comme une pure folie cette dernière affirmation, soyons unanimes à regretter les conséquences que ne peut manquer d'entraîner, pour l'enfant comme pour la société, l'invraisemblable sentimentalisme qui l'inspira. Vous connaissez sans doute ces paroles qu'Ellen Key écrivait jadis : « Tant que le père et la mère ne courberont pas leur front dans la poussière devant la grandeur de l'enfant ; tant qu'ils ne verront pas que le mot d'enfant n'est qu'une autre expression pour l'idée de Majesté..., ils ne comprendront pas davantage qu'ils ont aussi peu le droit ou le pouvoir de dicter des lois à ce nouvel être, qu'ils ont le droit ou le pouvoir d'en imposer au cours des astres. » (1).

Il suffit d'imaginer, que dis-je, il suffit de

____

(1) Ellen KEY.

constater à quel déchaînement d'individualisme, destructeur de tout ordre social et de
toute discipline morale, conduit semblable
doctrine, pour en faire à jamais justice.

Mais cela dit, et notre route, débarrassée de
cette gageure de l'enfant sans maître, ne pour-
rait-on pas s'accorder, entre gens simplement
raisonnables, sur la pensée que l'enfant étant
pour la collectivité humaine et plus spécialement
nationale, une espérance d'avenir, il est normal,
juste, utile, et heureux pour tout dire, qu'autour
de lui veillent, en effet, non seulement
l'Etat ou l'Eglise, mais celui-ci et celle-là,
étant bien entendu qu'à part certaines
exceptions à prévoir dans un monde où il
arrive, hélas, que les droits les plus légitimes
et les devoirs les plus sacrés soient méconnus,
*c'est avant tout à ceux qui l'ont appelé à la
vie qu'appartient l'enfant.*

Oui, l'enfant est d'abord à la famille, celle-
ci devant être décidée, d'ailleurs, à ne se passer d'aucune des collaborations précieuses qui
l'aideront dans sa tâche d'assurer le trésor
qui lui fut confié par le Maître de la vie elle-
même, contre tout ce qui l'empêcherait d'accroître plus tard le capital humain dont, dès sa
naissance, il est une inestimable fraction.

L'initiative des parents leur confère une responsabilité redoutable, mais c'est cette responsabilité même qui crée la supériorité de leurs droits sur ceux de toute autre collectivité. Ecoutez un universitaire contemporain : « Si un père n'est pas le vrai protecteur et le garant des droits de l'enfant, en vertu de quel mystère la totalité des pères de famille réunis en Etat acquiert-elle un droit que ne possède aucun de ses éléments ? » (1). Et notre grand Charles Wagner dit : « Briser le cadre trop étroit de la famille, pour substituer à ses liens intimes le grand lien de la solidarité sociale ? Ce serait détruire dans l'œuf cette solidarité même. Ne touchez pas à la famille. Si les ténèbres du commencement pouvaient redescendre sur l'humanité par notre faute, si le désordre et l'anarchie ramenaient les sociétés au chaos, un jour, deux êtres qui s'aiment retrouveraient le germe d'un monde nouveau près du berceau d'un enfant. » (2). Et c'est enfin Paul Janet qui écrit : « Enlever l'enfant à la famille pour

(1) Gaston RICHARD : *La vraie et la fausse éducation laïque*. Editions de *La Cause*, Neuilly-sur-Seine.
(2) Ch. WAGNER : *Jeunesse*, page 329, Fischbacher, Paris.

le donner à l'Etat ! ne commettons pas semblable méprise. Il y a entre les parents et l'enfant un lien physique, un lien du cœur, un lien de raison : aucune autorité ne repose sur des principes plus naturels, aucune n'est plus nécessaire, aucune ne doit être entourée de plus grandes garanties. » (1).

Ainsi donc, à tout absolutisme, purement théorique d'ailleurs, sur une monopolisation quelconque de l'enfant au profit de qui se trouve avoir des droits sur lui, de par la nature, de par la loi, de par la tradition, la simple sagesse nous fait préférer l'idée saine et pratique d'une noble et libre émulation entre les sociétés civiles et religieuses, dans la collaboration que toutes deux peuvent et doivent apporter à la famille, pour la mise en œuvre des droits primordiaux qui sont les siens. En d'autres termes, autant nous avons à nous réjouir que le progrès humain, que nous croyons d'ailleurs voulu de Dieu, ait fait disparaître peu à peu les excès d'une puissance paternelle qui allait, vous le savez, dans la législation romaine, jusqu'au droit de vie et

(1) Paul JANET : *La Famille*, page 108. Calmann-Lévy, Paris.

de mort, autant il nous semble qu'il est de l'intérêt même de la cité humaine et de la nation, que tous ceux qui ont à veiller sur l'intérêt général et le devenir de la Société, s'emploient à sauvegarder et à fortifier l'exercice normal de ce qui est le fondement même de toute éducation féconde, je veux dire, l'autorité des parents sur les enfants.

Je conçois que ces considérations sur la légitimité des droits intangibles de la famille, ne puissent pas vous suffire : vous avez hâte, sans doute, de nous entendre avouer ce qu'a de malaisé, au temps où nous sommes, l'application de semblables principes. Qu'en droit l'enfant appartienne surtout à la famille et que l'autorité de celle-ci soit légitimée par ses plus immédiates responsabilités, sans doute. Mais, en fait, tout ne conspire-t-il pas, à notre époque, à rendre de plus en plus illusoire l'exercice de ce droit ?

Il faut avouer, en effet, que la situation est grave ; j'allais dire, tragique. Si, en dépit de certaines appréciations étrangères, qui rappellent un peu parfois l'histoire de la paille et de la poutre, la famille française est encore, à l'ordinaire, le lieu des affections solides et des fortes tendresses ; si au cours de la guerre, en particulier, il nous a été donné de constater l'emprise poignante qu'avaient, sur nos camarades, le souvenir et la pensée parfois torturante du lointain foyer, c'est un fait pourtant que les circonstances et les conditions dans lesquelles nous sommes appelés à vivre et que caractérise une sorte de déséquilibre général de l'organisme social, travaillent à une lente mais sûre désagrégation de l'esprit de famille, dont nous souffrons, au fond, d'autant plus que nous lui sentons quelque chose de fatal.

Ne parlons pas, si vous le voulez, de ceux qui en sont arrivés à fuir « le foyer », comme si l'idée seule de « s'arrêter » leur était devenue totalement insupportable — car ceux-là sont de grands coupables. Mais, pour un très grand nombre de nos contemporains, qui en gémissent douloureusement, la Maison n'est plus qu'un coin de la place publique, et un coin exposé à tous les bruits, à tous les coups de vent, à toutes les agitations d'une existence instable et fiévreuse. Il faut vivre. Et chacun (la mère et non plus seulement le père de famille, les enfants eux-mêmes très tôt) est appelé à une existence de travail intellectuel ou manuel, de profession ou de métier, qui abrège de jour en jour davantage le temps où l'on se retrouve « ensemble ». Comment, dans de telles conditions, que je ne puis que brièvement et incomplètement définir, pourrait être sauvegardée l'autorité des parents sur leurs enfants ?

Et puis, il faut reconnaître, aussi, que ce qui complique le problème des éducations disciplinées, c'est l'état d'âme même de l'enfance et de la jeunesse d'après-guerre. Il faut toujours, sans doute, se défier de ces considérations un peu amères qui tendent à vanter le passé, à le glorifier au détriment d'un présent dont on ne se plaint souvent que parce qu'on n'a pas le courage de s'y adapter. Mais personne ne m'accusera d'être un barbon maussade, si je dis que les enfants d'aujourd'hui sont très certainement plus difficiles à élever que nous ne l'avons été nous-mêmes.

Aimons notre jeune génération, mais que notre amour soit clairvoyant s'il veut être utile.

Je dis que ce qui caractérise aujourd'hui nos enfants, c'est leur esprit d'indépendance, leur irrespect du passé, leur désir de brûler les étapes, de vieillir très vite, en passant en particulier à pieds joints par-dessus les années pourtant exquises de l'adolescence. Ils sont vraiment très sûrs d'eux-mêmes ; ils s'intéressent à peu près à tout, mais généralement d'une façon superficielle, et leur volonté nouvelle et d'ailleurs très légitime, de forces musculaires — quand elle va jusqu'à leur faire prétendre, comme le disait quelqu'un qui parlait en leur nom, que contrairement à la Renaissance du xvᵉ siècle due aux livres, leur Renaissance à eux sera celle du grand air et du sport — aboutit à une véritable menace pour la culture française de demain.

Ils ont de l'idéal, mais le « moi » y joue un rôle très prépondérant, avec des préoccupations de vie large, commode, rendue d'autant plus attirante par la déperdition de la valeur de l'argent. En un mot, de l'énergie, mais très peu de sentimentalité et une tendance au savoir faire et au « débrouille-toi », qui ne laisse pas que d'être assez inquiétante.

Etant donné tout cela, il faut bien reconnaître que l'exercice des droits légitimes de l'autorité des parents n'est pas chose facile. Raison de plus pour bien nous battre contre cette accumulation de difficultés, pour nous arcbouter contre le torrent destructeur de ce qui nous reste d'autorité sur nos enfants, puisqu'aussi bien il s'agit de leur éviter des catastrophes, et que jamais un père et une mère dignes de ce nom ne consentiront à proférer le blasphème : « Après moi le déluge. »

Et c'est bien parce que nous croyons, quant à nous, que notre bonne volonté n'y suffit pas, que nous avons recours aux inspirations et aux forces que peut seule, selon nous, nous donner notre foi religieuse, dont j'essaierai, dans notre prochain entretien, de vous dire en quoi elle nous apprend à savoir concilier le double devoir de respecter dans l'enfant la personnalité humaine qui sommeille en lui, et de lui faire conquérir sa liberté d'homme dans l'obéissance à ce meilleur lui-même qu'il nous appartient de lui révéler et surtout de personnifier devant lui.

Dans l'œuvre divine d'éducation de ceux qui furent ses disciples au cours de son ministère terrestre, n'était-ce point là la préoccupation dominante du Christ, lorsque, voulant préparer les hommes qui allaient avoir à continuer son œuvre rédemptrice, il s'écriait : « Je me sanctifie moi-même pour eux. » (1).

(1) Evangile selon saint Jean, chap. XVII, v. 19.

II

La Foi et l'Enfant

Parmi les bouleversements provoqués par le séisme de la guerre, il en est peu d'aussi graves que ceux qui se sont opérés, dans les mœurs de la famille française. Et nous avons dit, dans notre dernier entretien, combien ces nouvelles conditions de vie sociale avaient elles-mêmes influé sur la mentalité de la jeune génération, et compliqué par là-même la tâche de l'éducateur au foyer.

Une double remarque va me permettre de vous faire saisir, dès lors, la raison profonde qui pousse les parents croyants à tout tenter pour que la foi religieuse qui les anime, puisse jouer à son tour un rôle rédempteur dans la formation et le développement de ceux dont ils se sentent responsables.

Et tout d'abord, quiconque veut dans les circonstances présentes ne pas perdre les dernières chances d'une influence à exercer sur l'enfant qui lui est confié, est obligé de le *comprendre* tel que nous l'avons défini, c'est-à-dire comme un être que caractérise un besoin d'indépendance jusqu'à nos jours inconnu.

Or, je tiens tout de suite à dire que, pour nous qui croyons que la personnalité vaut dans la mesure où elle a pu découvrir les secrets de la véritable liberté qui fait d'elle une créature morale, cet esprit d'indépendance de l'enfant d'aujourd'hui, qui a ses graves dangers, a aussi de très réels avantages. Il nous contraint, en particulier, à réfléchir que tout n'était pas sage dans la tendance, trop fréquente autrefois, qu'avaient certains éducateurs à modeler à leur image le fils ou la fille en qui ils se plaisaient, comme on l'a dit, « à retrouver un second exemplaire de leur type d'humanité » (1). C'est vraiment être un peu trop personnel, que de prétendre immobiliser ainsi l'évolution humaine. D'autant plus que vouloir tenir en serre chaude, loin de tout effort personnel, celui que l'on cherche à « façonner » de la sorte, c'est s'exposer à un double malheur. Ou bien l'enfant ainsi mécanisé sera, dans la suite, incapable de toute initiative et deviendra la proie des habiles et

(1) Henri Monnier : *Problèmes d'éducation.* Fischbacher, Paris.

des forts, ou bien il se révoltera, devenant méfiant dans la mesure où il comprendra qu'on ne l'arme pas pour les combats de l'existence. Celui qui a dit jadis : « Laissez les enfants venir vers moi ; ne les en empêchez pas », ne peut que nous approuver lorsque nous tenons compte dans l'enfant, si jeune soit-il, de ce qui peut être dèjà en lui l'affirmation naissante de sa future personnalité.

Mais cela dit, une autre remarque s'impose : Si ce besoin d'indépendance est légitime, il faut qu'il soit sans cesse contrôlé. Pourquoi ? Parce que la nature même de l'homme est un mélange de bon et de mauvais, parce que le dualisme de l'esprit et de la chair est une réalité tragique, parce que c'est de très bonne heure que se justifie le cri angoissé de Racine :

> *« O Dieu, quelle guerre cruelle !*
> *Je sens deux hommes en moi. »*

Elle est néfaste pour le devenir de l'enfant, la confiance illimitée de certains parents dans le développement spontané de l'enfant. Elle provient directement de cette philosophie commode, mais imprévoyante et contraire à l'observation, qui, avec Jean-Jacques Rousseau, proclame que l'homme est naturellement bon et que c'est uniquement la Société qui le corrompt.

L'enfant n'apprend pas tout seul à marcher et, s'il vient un moment où il faut lui laisser faire ses premiers pas, il doit être cependant aidé et surveillé dans ses touchantes tentatives. De même, l'enfant n'apprend pas tout seul à vivre : « leur laisser faire leurs expériences », suivant une expression trop à la mode, est l'indice d'une insouciance indigne de ceux qui portent le nom sacré de père ou de mère. Il faut que l'enfant se sente compris dans son légitime désir d'être lui-même, mais compris tout aussi bien dans la constatation, même inavouée, qu'il fait de ses limitations, de son inadaptation à la vie. Il y a des disciplines qu'au moment même où il se cabre, l'enfant souhaite au fond de lui-même. « On ne me parle à la maison que pour me gronder ou m'admirer, me disait un jour un jeune garçon, mais somme toute, je sais bien que je m'élève tout seul, et ce n'est pas toujours gai. »

De cette double remarque, nous concluons ceci : D'une part, toute créature humaine se sent

légitimement appelée à constituer librement sa
personnalité, à réaliser sa vocation d'homme ;
d'autre part, cette même créature, si elle est
totalement sincère, fait très tôt l'expérience
de ce qui en elle-même met obstacle à cette
vocation. L'éducation vraie, féconde, est donc
celle qui révèlera le secret susceptible de
faire disparaître pareille contradiction. Vers
l'autonomie de la personnalité, oui, mais par
un affranchissement de tout ce qui menace de
fausser et de dévaloriser cette personnalité
même. Or, pour nous, ce qui assure cet affran-
cissement, c'est précisément l'expérience religieuse de la foi.

*
**

Il faut maintenant nous arrêter sur ce mot,
qui prête à tant de malentendus, alors que
mieux défini, mieux compris, il serait susceptible de rallier tant de nos contemporains, tant
d'éducateurs surtout, à des attitudes tout
autres que celles que leur dicte une méfiance
injustifiée ; à la conviction, en tous les cas, que,
nous autres croyants, pouvons légitimement
estimer de notre droit et de notre devoir

de révéler à nos enfants les secrets libérateurs que recèle, selon nous, le fait même de croire.

Définissons-donc la foi.

Mais, direz-vous, n'est-elle pas tout simplement l'ensemble des dogmes, des croyances, des formules, des rites qu'une société religieuse a codifiés et qu'elle impose à ses fidèles ? Et si elle est cela, que parlez-vous d'expériences ? — Et je réponds d'accord avec l'Evangile de Jésus-Christ, d'accord avec les vrais croyants de toutes les Eglises : Non, la foi n'est pas cela *d'abord*. Elle est *d'abord*, pour tout homme totalement sincère avec lui-même, un cri de conscience, un aveu d'impuissance à réaliser à soi tout seul la vocation humaine dans sa plénitude et dans son intégralité. Et elle est en même temps, pour cet homme, un immense besoin de confiance en quelqu'un d'autre que lui-même. Car si l'homme se sent obligé, s'il sait « qu'il doit », il sait bien aussi que, malgré tout ce que cette obligation a de rationnel, il ne lui obéit pas toujours, ces désobéissances devenant ainsi la preuve même que c'est un Autre qui l'oblige.

Et ce « quelqu'un » ne peut être que meilleur et plus puissant que nous, puisque, malgré

notre résistance et notre trahison, il a continué
à maintenir en nous l'inspiration bonne. Et ce
quelqu'un nous aime enfin, puisque nous pres-
sentons que si nous étions capables de toujours
répondre à son appel, nous serions en paix
avec nous-même et heureux de cette paix.

Cet aveu d'impuissance qui échappe à tout
homme décidé à reconnaître qu'à sa propre
expérience, il ne suffit pas de croire au devoir
pour se sentir à soi tout seul la force de l'ac-
complir ; ce besoin de confiance en quelqu'un,
Dieu, que l'homme naturel ne connaît pas tant
qu'il ne lui a pas été révélé, mais qu'il pressent,
pour les raisons que je viens de dire, saint, puissant et bon : voilà la foi, à son tout premier
début, la foi nue en quelque sorte, celle qui faisait s'écrier à l'un de nos plus célèbres écrivains
français, bien détaché pourtant de toute théolo-
gie d'église : « Je crois en Dieu, moi, car j'ai
« eu beau faire, j'en suis toujours revenu à me
« dire : ou bien il faut que je croie en moi, ou
« bien il faut que je croie en Dieu ; or, me
« connaissant comme je me connais, je suis
« bien obligé de croire en Dieu. » (1). C'est la

(1) Alexandre DUMAS fils ; Préface des « *Idées de
Madame Aubray* ».

foi telle que la définissait mieux encore, telle que la légitimait, ce géant de la vie morale que fut saint Paul, lorsqu'il s'écriait : « Je ne fais pas le bien que j'aime : ce que je fais, c'est le mal que pourtant je n'aime pas. Qui me délivrera ? misérable que je suis ! Grâce soit rendue à Dieu qui nous donne la victoire en nous affranchissant par Christ de la loi du mal. » (1).

Nous n'avons pas d'ailleurs là encore toute la foi. Mais c'est bien sur ces premières données religieuses de l'expérience morale que peut se construire alors l'élément intellectuel de la foi, qui, bien loin de lui nuire, l'enrichit, la guide et la confirme. Cet élément intellectutel, c'est celui qui vient de la réflexion, de la pensée soumettant précisément l'expérience religieuse de conscience, aux données séculaires de la Révélation biblique et évangélique.

Nous sommes de ceux qui croient qu'un tel travail peut se poursuivre, même chez les plus humbles, dans un respect absolu des lois et des méthodes de la pensée moderne. Bien loin, en pareil domaine, de nous défier des conclusions

(1) Epitre aux Romains, chapitre VII, v. 21-24.

de la science, nous ne demandons pas mieux, au contraire, que de les appeler à notre secours, tant elles nous semblent démonstratives de l'incomparable sagesse et de la puissance de Dieu, comme d'ailleurs de la génialité de l'esprit humain, Sa création. Et comme les données de la Révélation nous mettent avant tout en présence de la personne historique de Jésus-Christ telle qu'elle vous est apparue dans nos récents entretiens ; comme elles nous le montrent dans toute sa perfection morale qui l'affranchit, lui, des esclavages que nous sentons en nous ; comme elles nous renseignent sur sa volonté, prouvée jusque sur une croix, de libérer l'homme de lui-même et du mal en lui en révélant la tragique horreur, en le décidant à crucifier à son tour ce qui est en lui de la chair pour que, greffé sur le cep, il puisse porter les fruits de l'esprit, vous avouerez qu'une telle conformité entre cette Révélation et l'expérience qui nous a conduit à la *foi-confiance*, peut bien entraîner cette conviction intellectuelle qui aboutit à la *foi-croyance*.

Et quand enfin, toutes deux, foi-confiance et foi-croyance, se complètent par une décision d'obéissance, par un effort de vie conforme à la volonté d'amour, de justice et de sainteté de Celui qu'on a appelé devant vous « le Christ de la gloire », de Celui dont « la grâce suffit », dont l'appui ne manque jamais à ceux qui veulent qu'Il vive en eux (ce n'est pas moi qui vis, mais Christ qui vit en moi, disait saint Paul), alors c'est bien toute la personne humaine, cœur, conscience, intelligence et volonté, qui est en quelque sorte habitée par la foi, avec toutes les conséquences de l'ordre moral et social qu'entraîne, pour l'individu et pour la Société, semblable rétablissement de l'homme dans sa dignité originelle et dans sa véritable et divine destinée.

Voilà ce qu'est pour nous la foi religieuse, et alors, je vous le demande, nous sentant avec elle en possession de telles richesses, comment, malgré tout ce qu'elle peut encore avoir d'imparfait en nous, ne la recommanderions-nous pas à ceux dont nous savons qu'elle peut les préparer à devenir des hommes.

Vous direz peut-être : « Mais c'est surtout en pareil domaine que l'enfant a le droit d'être

lui-même ! Il n'est pas légitime que vous lui
imposiez votre foi », et je réponds : la lui
imposer, non, cent fois non ! Il y a longtemps
que nous savons qu'une religion de pure tradition, qui serait en quelque sorte obligatoire-
ment héréditaire, qui ne serait pas personnellement assimilée, qui ne serait pas une expérience
librement consentie, une croyance librement
réfléchie, une obéissance librement acceptée,
serait par définition une religion stérile. Imposer à l'enfant notre foi, non. Mais la lui proposer, oui, sans aucun doute !

Car, remarquez-le, si nous ne le faisions pas,
la partie ne serait pas égale pour lui, surtout
aux jours où nous vivons. Vous savez bien que
la plupart du temps l'enfant vit dans un monde
où la foi n'est considérée que comme un com-
partiment de l'existence, comme une attitude
dont il est plus ou moins bon, suivant les cas,
de se réclamer, mais qu'il ne faut jamais exa-
gérer sous peine de passer pour un faible d'esprit et pour un illuminé. J'ai dit que la partie
ne serait pas égale pour lui si, en même temps
que le pain du corps dont nous avons à le
nourrir, en même temps que le pain de l'intelligence et de la science qu'à notre grande joie

ses maîtres mettent si libéralement à sa disposition, nous ne lui offrions pas ce que le Christ
a appelé « *le Pain de Vie* ».

Nous l'inviterons donc à marcher à nos
côtés sur les chemins de la foi, c'est-à-dire que
nous l'appellerons à se demander si, en toute
sincérité, il n'éprouve pas cette première souffrance intérieure qui conduit à Dieu et que doit
lui faire éprouver, sans doute à lui comme à
nous, le sentiment qu'il est toujours en retard
sur l'idéal moral qui sommeille en lui, contrai-
gnant et divin. Nous n'attenterons en rien à
sa liberté en l'appelant à se rendre compte que,
selon le mot immortel de Pascal, « c'est par les
humiliations que l'on va à l'inspiration », et
que sa soif de paix intérieure est déjà le commencement de la foi, puisqu'elle le mène tout
naturellement et tout droit au Dieu du pardon
et des libérations fécondes.

Et si vous me dites que donner à l'enfant
conscience de la gravité du mal qui est en lui et
dans la société, c'est risquer d'éteindre en lui la
flamme intérieure, c'est faire de lui un scrupu-
leux maladif, je répondrai qu'il n'en est rien,
puisque l'Evangile prometteur du surnaturel
secours que Dieu donne à qui hait le mal et veut

le combattre, fait jaillir par là-même, dans la conscience et le cœur, une source toujours débordante d'enthousiasme et de joie. « Tout ce que je vous ai dit, s'est écrié le Christ parlant de son œuvre libératrice, je vous l'ai dit pour que vous ayez en vous ma joie. » (1).

Surtout, nous n'attenterons pas à la liberté de notre enfant si nous nous attachons essentiellement à lui montrer la valeur de la foi plus encore par l'exemple de notre vie que par nos enseignements. Je reconnais que ce qui éloigne parfois la jeunesse contemporaine de la foi, ce sont les spectacles décevants que lui offrent certains croyants qui tentent de concilier leurs attitudes religieuses extérieures avec un égoïsme social, une vanité mondaine et une facilité de mœurs incompatibles pourtant avec une profession sincère de la foi. Il y a, à mon sens, quelque chose de pire qu'une morale sans religion, c'est une religion sans morale. Mais celle-ci est inconnue à l'Evangile de Jésus-Christ. Et c'est pourquoi, dans notre désir de voir nos enfants devenir un jour des croyants, forts par leur foi même, si, comme je m'atta-

(1) Evangile selon saint Jean, chap. XV, v. 11.

cherai à vous le montrer plus tard, nous voulons que notre foi à nous leur apparaisse comme
génératrice d'un caractère solide et droit, d'un
cœur pur et d'une conscience sans fraude,
nous ne cesserons jamais, connaissant, hélas,
nos propres lacunes, nos propres fautes, de
diriger leurs regards vers Celui qui jamais ne
déçoit, vers Celui qui seul mérite qu'on lui
dise : « Seigneur, à quel autre irions-nous qu'à
toi, toi seul tu as les paroles qui font
vivre. » (1).

(1) Evangile selon saint Jean, chap. VI, v. 68.

III

La Bible éducatrice

La Bible ! Il n'est pas de mot qui soit plus évocateur, qui éveille davantage dans l'esprit des hommes, même des hommes qui ne se réclament d'aucune foi religieuse positive, l'idée de l'universel, de l'extraordinaire, de l'illimité. Les admirables travaux de cette science relativement nouvelle qu'est l'Histoire des religions, ont mis en lumière les beautés, jusqu'à nos jours trop cachées, des livres saints de l'Humanité non chrétienne, et nous sommes de ceux qui, se souvenant de l'enseignement de saint Paul sur l'universalisme de la Révélation divine, ne prononcent qu'avec respect les noms des Védas, du Zend Avesta, du Coran lui-même, où s'avère si génialement parfois l'innéité du sentiment religieux dans l'être humain. Mais, au-dessus de tous ces livres à noms propres, il en est un, un seul, à qui la totalité du genre humain rend ce formidable hommage de le désigner par un nom commun, en l'appelant tout simplement : « Le livre, *O Biblos*, la Bible. » Hommage tellement instinctif qu'il est même parfois inconscient, mais que confirment la gratitude et la vénération unanimes de tous ceux qui, à travers les siècles, ont nourri leur foi de son immortelle substance. La Bible, un monde dont la vastitude est telle que parfois on s'y perd, mais dont l'attirance est tellement invincible, une fois qu'on en a simplement pressenti les beautés, qu'on ne peut s'empêcher d'y revenir pour tenter à nouveau d'y trouver le chemin vers la Vérité et vers la Vie. La Bible, le livre toujours actuel et si éternellement vivant, comme le disait Gœthe, qu'aussi longtemps que le monde sera debout, il ne se trouvera jamais personne pour oser dire : « Je le comprends dans sa totalité et dans chacun de ses détails. »

Ne vous attendez donc pas à m'entendre, aujourd'hui, vous dire même l'essentiel de ce que, d'après nous, il y a lieu de penser de la Bible. Cela seulement nécessiterait une série d'entretiens que vous souhaitez trop, nous avons des raisons de le croire, pour que nous reculions devant le devoir et la joie de vous les promettre, mais dont je ne puis, en cette heure, que vous faire pressentir l'importance et l'intérêt en cherchant uniquement à légitimer le rôle que peut jouer, selon nous, la Bible dans l'éducation religieuse de l'enfant.

Pour vous faire immédiatement saisir la raison profonde qui nous fait saluer comme incomparable le pouvoir éducateur de la Bible, je vous rappelerai la définition que nous vous donnions, il y a huit jours, de la foi religieuse. Elle nous est apparue comme étant d'abord une expérience de conscience, la noble souffrance de l'être humain qui, se sentant « obligé », s'avoue, à la pratique, inférieur à semblable vocation. En même temps, la persistance de l'appel au bien vivre, que ne parvient pas à faire taire la désobéissance trop souvent constatée, correspond à cette autre intuition d'une Conscience supérieure à la nôtre, qui ne serait autre que cette « Infinie pitié », dont parlait un jour un penseur contemporain (1), qui

(1) Pierre Loti.

jamais ne put arriver à une foi positive, mais
par laquelle il qualifiait d'émouvante façon
l'auteur même de l'obligation morale : Dieu.
Or, de la première à la dernière de ses pages,
la Bible confirme cette mystérieuse et indéniable présence en nous d'un Dieu intérieur et
pourtant distinct de nous-même, puisqu'il nous
arrive de le fuir au moment même où Il nous
cherche. Et non seulement elle confirme cette
présence, mais elle la légitime et en quelque
sorte l'explique, en donnant comme origine à
cette expérience morale fondamentale, qu'elle
appelle « la soif du Dieu vivant », le fait
que l'homme a été fait pour être l'image de
ce Dieu. Comment donc, je vous le demande,
désireux d'établir devant nos enfants la grandeur et la sainteté de la loi morale, pourrions-
nous leur dérober un enseignement qui fut
pour nous si révélateur ?

Mais ce Dieu sensible au cœur, comme disait
Pascal, sensible à la conscience, dirions-nous
plus volontiers encore, nous sommes ainsi faits
que nous le voulons aussi sensible à la raison.
Et sans doute, pour parler encore avec le génial
penseur que je viens de citer, nous ne cherche-
rions pas Dieu si déjà nous ne l'avions trouvé

dans le besoin que nous avons de Lui, et qu'il
a mis en nous; mais il nous faut plus que ces
intuitions premières. Le Vrai nous attire
comme le Bien : une croyance intellectuelle
doit pouvoir venir étayer plus encore notre
désir de confiance. Or, là encore, le secours
nous est accordé. La Bible nous parle du Dieu
qui veut, en effet, que nous ne l'aimions pas
seulement de tout notre cœur, mais bien aussi
de toute notre pensée, que dis-je, du Dieu qui
veut tellement que la foi en Lui demeure un acte
libre, qu'Il s'est refusé à contraindre en quelque sorte l'adhésion de cette pensée par
d'immédiates et aveuglantes clartés. Il a *parlé*
pour qu'on trouve en Lui la vérité, car rien
n'est révélateur comme le Verbe, mais Il a
parlé en inspirant des hommes, cette inspiration n'ayant rien de magique, permettant uniquement à ces hommes qui, l'aimant mieux, le
comprenaient mieux aussi, de le faire mieux
comprendre et mieux aimer de leurs frères en
humanité.

Or, nous avons les paroles inspirées de ces
hommes, nous savons qu'elles sont inspirées
parce qu'elles nous inspirent encore, parce
qu'elles éclairent, sans doute possible, nos intel-

ligences naturelles, tout comme nos consciences enténébrées par le mal : et nous ne nous pencherions pas avec nos enfants, à qui nous souhaitons une pensée religieuse claire et libre comme une conscience et un cœur purifiés, sur ces paroles porteuses de certitudes et de vie ? Quelle inconséquence serait la nôtre !

Et puis il y a enfin l'élément d'obéissance par quoi la Foi, s'emparant de la volonté, se complète et s'achève ; ne devient-elle pas en effet désormais principe de vie, soumission reconnaissante et joyeuse à Celui en qui nous avons confiance parce que, nous appelant sans cesse à lui ressembler, il nous rétablit dans notre véritable vocation, et en qui nous croyons parce qu'ayant parlé, il s'est révélé à notre raison comme l'explication du monde, des choses et de nous-même. Or cette obéissance qui prouve la foi, qui lui évite de n'être que mysticisme sentimental ou intellectualisme doctrinaire, c'est encore et toujours la Bible qui nous révèle ce qu'elle peut et doit être, qui en purifie les motifs, nous apprenant à voir dans le fait d'obéir à qui nous a aimés le premier, non pas un acte intéressé et méritoire, mais une possibilité magnifique autant qu'imméritée de prouver que notre foi est par-dessus tout de l'amour. Et alors, si vraiment l'éducation est bien comme on l'a dit *une parole appuyée sur un exemple,* comprenez-vous ce que devient pour nous, dans notre labeur d'éducateurs, cette Bible, inépuisable mine d'exemples à nuls autres pareils et singulièrement vivants, où l'on voit ce que peut faire d'un homme une foi victorieuse et humble ; cette Bible qui, plus haut encore que tous les hommes de foi, montre en Jésus-Christ, l'Homme tel que Dieu le voulait, l'Homme normal et vrai, le véritable, le seul et unique Fils de Dieu puisqu'il a pu dire que sa volonté se confondait avec celle de son Père et que sa personne elle-même incarnait Dieu.

Vous le voyez, nous ne pouvons nous passer de la Bible. Elle n'est pas pour nous, nous ne voulons pas qu'elle soit pour nos enfants, un fétiche, l'idole en papier dont la lettre infaillible tuerait, comme l'a dit Jésus lui-même, l'élan spontané et qui veut rester libre pour demeurer moral, de notre être tout entier parti à la recherche de Dieu. Mais elle est l'incomparable, le nécessaire pédagogue, l'indispensable, le lumineux conducteur de cette recherche, la grande école de cette vie selon l'Esprit, qui est la destinée suprême d'une humanité de par sa chair déchue, du pauvre fils prodigue qu'est l'homme cherchant à regagner, parce qu'il a faim et qu'il en a assez de toutes ses misères, les joies paisibles de la Maison du Père.

❖

Seulement, je le sais, des questions sans nombre, dont quelques-unes sont sans doute de sincères objections, se pressent dans vos esprits. Je veux ici répondre à quelques-unes, sachant que je ne les épuiserai pas, sachant aussi ce qu'auront de forcément incomplètes, parce que trop brèves, les réponses que je vous soumets ici, mais que comme à l'ordinaire nous sommes prêts à vous faire parvenir, sur votre demande, plus explicites et détaillées.

On nous dit parfois : « Avouez que dans votre recours à la Bible, uniquement envisagée comme guide éducateur de la Foi, vous devez vous trouver souvent assez embarrassés :

— « Pour ce qui est de la notion biblique de Dieu lui-même, que faites-vous devant votre enfant, que faites-vous, vous-même, des pages de la Bible qui vous mettent en présence d'un Dieu cruel, vengeur, national, guerrier, du Dieu qui, pour tout dire, ne rappelle en rien celui dont vous dites que le Christ l'a révélé comme le Père miséricordieux et saint ?

Et je réponds : Ces pages ne nous embarrassent en rien. Et cela ne doit pas vous étonner, étant donné ce que je vous ai dit, il y a un moment, de l'inspiration, ce procédé parfaitement conforme aux données de la psychologie, et par lequel Dieu, se révélant à l'inspiré, respecte en celui-ci son humaine liberté. Bien loin dès lors de regretter les pages dont il est question, nous les conservons et les aimons comme les autres parce que dans la révélation de Dieu aux hommes, qui ne peut être que progressive pour ne pas être contraignante, elles constituent, ces pages, une étape précieuse, indicative de l'ignorance humaine qui a besoin d'être peu à peu éclairée. Pour employer les lumineuses expressions d'un grand penseur chrétien moderne : « Le Dieu qui apparaît « dans ces pages est bien le même que celui de « l'Evangile, mais il y est encore comme tra- « vesti par l'accoutrement dont l'affublent les

« hommes, et qu'il tolère parce qu'il est
« contraint de s'abaisser jusqu'à eux afin
« d'agir sur eux. Il y est le Dieu mas-
« qué (1). » Et la beauté incomparable, singulièrement éducatrice, de la marche de Dieu
et de l'Homme à la rencontre l'un de l'autre
que raconte la Bible en chacune de ses pages,
est précisément faite de la chute successive du
masque, tombant définitivement, quand, après
les tâtonnements des origines, après les découvertes grandioses des prophètes substituant au
dieu national et guerrier, le Dieu juste, saint
et universel, apparaît enfin la parfaite révélation du Dieu incarné en Jésus-Christ. Et sans
doute alors c'est à la lumière de l'Evangile
qu'il y a toujours lieu de juger de la valeur du
Dieu de l'Ancien Testament, mais en se souvenant toujours aussi de tout ce que révèle
d'amour pour l'homme, l'abaissement volontaire d'un Dieu soucieux de s'offrir à cet
homme jusque dans les errements, momentanés
et bientôt reconnus, de sa marche libre vers la
vraie Foi.

On nous dit encore : « Votre confiance et

(1) T. Fallot : « Le Dieu masqué ». *Comment lire
la Bible jour après jour.* Fischbacher, Paris.

celle de vos enfants en la Bible, la vénération qu'eux et vous lui vouez, ne peuvent pourtant qu'être fatalement diminués par les contradictions que la Science inflige à nombre d'enseignements bibliques ? »

Et je réponds : En aucune manière ! D'abord parce qu'une fois pour toutes nous avons pris position, et une position qui nous paraît très solide, sur la question des relations de la Science et de la Foi, j'entends de la vraie — Science et de la vraie Foi.

Pour nous elles sont deux sœurs qui ne se veulent que du bien ; elles se meuvent sur des plans différents, et quand elles se rencontrent elles ne peuvent que se rendre de mutuels services. Avec un penseur français très averti, je dirai volontiers que « Dieu est à la fin de la Science comme il est au commencement de la Foi ». De plus, une meilleure connaissance de la Bible permettrait de savoir à quel point sont limités les cas où il y a apparence de conflits. On cesserait par exemple de faire à la Bible le reproche de son récit d'une Création en six jours, si on savait que le récit primitif, parfaitement reconnaissable, dans le texte définitif, à sa forme linguistique, parle d'une Création en

huit paroles (et quelle belle idée philosophique
que celle de la Parole créatrice), et que ce n'est
que plus tard qu'un rédacteur, singulièrement
inspiré lui aussi, eut l'idée de donner à la
semaine et au repos sabbatique d'une portée
sociale si considérable, une origine divine, en
enfermant les huit paroles, qui créèrent, dans le
cadre sacerdotal de la semaine. Une étude
attentive des textes permet souvent ainsi une
solution heureuse de ces prétendus conflits
dont le rappel constant dénote parfois un peu
d'ignorance de la part de ceux qui paraissent
s'en réjouir. Comme dénote aussi leur parti-
pris le fait qu'ils ne soulignent pas, ainsi que
l'esprit scientifique devrait les porter à le faire,
les immenses services rendus à la science par
la Bible et la prodigieuse documentation qu'elle
apporte sur l'histoire, l'art, les mœurs des peuples de l'Antiquité, documentation dont les travaux des assyriologues, des égyptologues, et les
fouilles de nos savants modernes mettent constamment en lumière l'authenticité et l'utilité.

Mais surtout ce qui fait que le conflit en
question ne peut en rien nous alarmer, c'est
qu'il ne nous vient pas à l'idée de considérer
la Bible comme un manuel de science où nos

enfants auraient à préparer leurs examens uni-
versitaires !

La Bible est l'histoire d'un drame, le drame
du sauvetage de l'humanité ; c'est à la poignante recherche de l'homme par Dieu et de
Dieu par l'homme que nous assistons, c'est
dans le domaine des réalités de la conscience
et du cœur que s'y manifeste indéniablement
l'inspiration divine, opérant en des hommes
qui n'en restent pas moins des hommes de leur
temps et de leur milieu. Qu'y a-t-il d'étonnant
dès lors à ce que ces hommes, tout comme
Socrate et Platon à qui personne n'en veut de
ne pas avoir été au courant des lois qui prési-
dent aujourd'hui aux inventions modernes,
aient eu sur le monde des phénomènes, des
idées et des conceptions qui peuvent parfois ne
pas se trouver conformes avec les conclusions
des savants d'aujourd'hui ?... *d'aujourd'hui,* car
vous et moi, nous respectons trop la Science
pour oser lui imposer de ne pas revenir sur
certains de ses jugements qu'elle se fait gloire
elle-même de reconnaître relatifs toujours.

Non, il nous suffit que la Bible nous soit le
trésor précieux des plus belles expériences
religieuses susceptibles de nous ramener à

Dieu, et comme telle nous lui faisons serment de reconnaissance et de fidélité.

Et enfin on nous dit : — Mais les pages bibliques qui contiennent des récits grossiers et immoraux ?

Nous les utilisons aussi en matière d'éducation : d'abord parce que c'est une occasion, pour nous comme pour nos enfants, de constater la différence qui existe entre la manière biblique de dépeindre le mal, manière toujours sobre de détails, abhorant l'équivoque et qui ne cache pas la turpitude sous les fleurs des sensualités malsaines, et la manière chère à certains littérateurs trop visiblement occupés à exploiter le vice pour ne pas être ignorants, à jamais, de la simple naïveté et des pures indignations que révèlent ces récits bibliques dont vous parlez. D'ailleurs, ces récits ne sont-ils pas en même temps comme une preuve des bas-fonds de perversité dans lesquels l'amour du Père a consenti à descendre pour sauver ses fils en révolte : ne nous suffit-il pas, de plus, de tourner ces pages pour voir immédiatement les condamnations qui frappent ces actes d'immoralité et dont la science médicale d'aujourd'hui, d'accord avec la Bible, nous apprend à son tour qu'en effet elles atteignent le coupable jusqu'à la troisième et à la quatrième génération. Enfin, au-dessus de toutes ces pages de tristesse, ne voyons-nous pas, ne pouvons-nous pas montrer à nos enfants la figure éblouissante de beauté pure de Celui dont le regard a su se lever plein d'une sainte pitié sur une femme adultère ?

La cause est, n'est-ce pas, entendue ?

Vous voulez que vos enfants deviennent des hommes, des cerveaux émancipés de toutes les tutelles sectaires, des consciences droites et scrupuleuses, des cœurs ouverts aux saintes passions de la justice et de la paix entre les peuples ? Vous voulez que vos fils et vos filles soient forts devant la douleur la plus cruelle et paisibles devant la mort peut-être prématurée, vous souhaitez pour eux la paix intérieure qui s'épanouit en joies saines ? Faites comme nous, donnez-leur la Bible. Et dans la compagnie qui sera la leur, d'un Abraham, l'Homme de foi robuste qui partit vers le prodigieux avenir de sa race immortelle « sans même savoir où il allait (1) », d'un Moïse recevant en des temps d'idolâtrie polythéiste et de religions sans prin-

(1) Épître aux Hébreux, chap. XI, v. 8.

cipes moraux, la révélation du Dieu personnel et vivant qui a les yeux trop purs pour tolérer le mal ; dans la rencontre qu'ils feront d'un David pleurant sur sa misère morale, comme il faut savoir pleurer à l'heure du repentir fécond ; dans la découverte qui sera la leur de ces géants de la conscience, comme les appelait Jaurès, que furent les prophètes hébreux ; par-dessus tout lorsqu'ils arriveront à Celui qui avait été l'Attendu et le Désiré des siècles et en qui la Révélation de Dieu devint totale, au Christ des Evangiles, au sauveteur de notre monde mauvais et lassé de lui-même : je vous assure bien qu'ils trouveront, vos enfants, comme les nôtres, leurs frères, le secret des courages invulnérables, l'initiation à une vie digne d'être vécue, parce que conforme à la beauté de leur humaine et divine vocation.

IV

La Prière inspiratrice

On ne peut éprouver qu'une émotion profonde à parler de la prière devant ce microphone, dont on sait qu'il assure la diffusion des pensées à travers un espace qu'hier encore on croyait silencieux et que la Science, qui décidément mérite bien le nom de « sœur de la Foi », que nous lui donnions dernièrement, vient de nous révéler incessamment traversé d'appels sans nombre, tous révélateurs de la réalité du monde spirituel.

Est-elle désormais assez périmée, la vieille notion matérialiste de l'Univers ? Semble-t-elle suffisamment dénuée maintenant d'autorité, cette injonction que l'on faisait à l'homme d'avoir à se laisser enfermer dans les cadres du monde visible et sensible ? Comme on se sent affranchi du pesant déterminisme de la matière, depuis que celle-ci est reconnue simple forme de l'Esprit, depuis la découverte de ces forces radio-actives, révélatrices d'énergies bien mystérieuses encore sans doute, mais qui, pour ne pas tomber sous nos sens, n'en exercent pas moins une incalculable influence sur la nature et sur la vie de l'âme humaine, dont elles élargissent à perte de vue les champs d'expérience.

Ce n'est pas vous, que ravissent les premières applications scientifiques de ces découvertes, qui feriez grief aux hommes de la Foi, de l'enthousiasme reconnaissant qu'ils éprouvent en songeant aux répercussions que leur semblent avoir ces mêmes découvertes dans le domaine religieux et moral. Nos réflexions d'aujourd'hui, sur la valeur du rôle de la prière en matière d'éducation, ne pourront en tous les cas que justifier devant vous l'émotion que nous ressentons à vous entretenir par T. S. F. d'un semblable sujet.

***

Puisqu'il nous faut admettre que la matière est une forme de l'Esprit, emprisonnant momentanément celui-ci, puisque la Science nous fait assister au prodigieux spectacle d'une évolution constante des forces brutes, tendant toujours à se transformer « en forces vitales, physiologiques, puis mentales et finalement spirituelles » (1), n'est-il pas logique de conclure à l'existence d'une Force qui serait, en quelque sorte, le centre même de toutes ces énergies, et qui en assurant la coordination, je dirai même la solidarité, se montrerait une Force intelligente, une Volonté sage, poursuivant à travers le temps l'accomplissement d'un plan défini. Cette conclusion est, vous le savez, la nôtre, et elle nous paraît d'autant plus sûre, que la Révélation biblique nous la confirme et que l'Evangile et la personne du Christ l'illuminent de la clarté nouvelle qui nous fait appeler cette Force intelligente, cette Volonté sage : Notre Père qui es aux Cieux.

Le philosophe William James a écrit : « Le fond du phénomène religieux, c'est la conscience d'une relation entre l'individu homme et le pouvoir supérieur avec lequel il se sent en rapports. » Eh bien, cette conscience d'une relation entre l'homme et le Dieu-Esprit conçu depuis, par et en Jésus-Christ, comme Père, cette

(1) A. Westphal : « *Vérités Vitales* », chap. l'Energie souveraine, p. 158.

conscience dont je viens de vous dire tout ce qu'elle a de rationnel, elle est tellement affirmatrice de cette relation, qu'elle va jusqu'à conduire la foi à la certitude de transactions réelles entre les aspirations de cet homme et la volonté de ce Dieu. Et pour cette foi, c'est précisément par la prière que s'opèrent ces transactions. Le même William James disait encore : « Le point de vue religieux est celui-ci : par la prière sont réalisées des choses qui ne peuvent l'être d'aucune autre manière, la prière libérant des énergies qui autrement resteraient enchaînées, et cette énergie travaillant alors dans quelque partie objective ou subjective du monde des faits. »

Nous voilà au cœur même de notre sujet, puisque voilà expliqué, devant votre raison tout au moins, à quel point il est légitime que voulant bien « élever » nos enfants, c'est-à-dire les faire monter « *plus haut* », les initier aux beautés de la vie selon l'Esprit, nous les invitions à entrer librement et personnellement — notez dès maintenant ces deux adverbes — en relation avec le Maître de la Vie, pour que

(1) William JAMES : *l'Expérience religieuse,* chap. Religion pratique.

par lui, en eux aussi et pour eux, soient libérées des énergies fécondes.

**

D'ailleurs, l'invitation sera d'autant mieux accueillie, qu'au fond elle correspond à un besoin de l'enfant comme de l'homme. Car, bien plus encore que par le raisonnement, la prière se légitime par ce qu'elle a d'indéniablement instinctif et j'ajoute d'universel. Ici encore, nous pourrions nous en référer aux minutieuses recherches, toutes concluantes, de l'histoire des religions, et surprendre, jusque dans les incantations du fétichisme, cet appel au secours vers une force mystérieuse dont il désire l'intervention, une forme bien primitive, tragiquement imparfaite, mais quand même émouvante, de la prière. Toujours, partout, dans toutes les races évoluées ou non, le poète l'a dit :

L'Homme est l'Être qui prie et c'est là sa grandeur.
(LAMARTINE).

J'ai nommé les poètes : les plus grands, je veux dire ceux dont l'âme, semblable à une harpe, a su vibrer aux émotions les plus spécifiquement humaines, ont tous redit, alors même qu'ils souffraient de ne pas croire, ce qu'a d'invincible, de spontané, cet S. O. S., cet appel anxieux, parfois désespéré, qu'une fois ou l'autre, tôt ou tard, l'Homme finit toujours par lancer vers une puissance dont il pressent qu'elle est aussi une Miséricorde. Vous ressentirez tout le pathétique de ces vers de Sully-Prudhomme, recueillis dans son volume posthume « *Epaves* » :

> *C'est dans la race humaine une habitude ancienne*
> *D'élever vers le Ciel les bras dans la douleur.*
> *Ma mère l'a reçue avant moi de la sienne,*
> *Et mes enfants un jour l'apprendront de la leur.*
> *Et moi qui ne crois plus, dans les crises suprêmes,*
> *J'y rends hommage encore et je ne sais pourquoi,*
> *Je sens mes mains se joindre et monter d'elles-mêmes*
> *Comme si l'Infini les appelait à soi* (1).

La prière de l'enfant, simple effet d'une hérédité religieuse ? Non, non, décidément, mais bien besoin de son être, inséparable de la constitution même de cet être. La preuve c'est la confiance avec laquelle s'exprime la prière enfantine, la naïveté même dés demandes formulées, l'étonnement des exaucements qui tardent, mais aussi la joie simple et naturelle qui

(1) Sully Prudhomme : *Epaves*. Paris, Lemerre, 1909.

suit les réponses obtenues. N'appréhendons aucun reproche de contrainte : même élevé en dehors de tout milieu religieux, c'est de lui-même que l'enfant joindra les mains.

Seulement, je m'empresse de le dire, ce qui est notre droit et plus encore notre devoir, c'est de développer ce besoin instinctif, c'est surtout de veiller soigneusement à en sauve-garder la grandeur et à en accroître le rende-ment pour l'enfant et, à cause de lui, pour nous-même d'abord, en nous étudiant à porter, comme on l'a dit, « à sa plus haute puissance ce qui n'est, au début, qu'une disposition innée » (1). Travail d'une infinie délicatesse, qu'il ne faut entreprendre et poursuivre qu'en tremblant, puisqu'il s'agit d'éclairer l'instinct, sans déflorer ou amoindrir si peu que ce soit la confiance qu'il récèle. Toute négation serait dangereuse, toute ironie serait criminelle. Comme pour la nourri-ture du corps, le lait avant la viande.

Et c'est ici, d'ailleurs, que la Bible excelle en

(1) Henry Barbier : *Pourquoi prier*, Livron, 1910, page 149.

directives lumineuses, en exemples riches d'enseignements, puisque le périple de la prière y parcourt toute la distance qui va de l'incomplète, de l'inculte demande de l'adorateur intéressé, qui marchande sa foi, à l'oraison sublime et déjà divine du Christ au jardin des Oliviers.

Ce qu'il faut avant tout, nous semble-t-il, c'est conserver pour nous-même la vraie notion de la prière et ne pas admettre, pas plus pour nous que pour l'enfant, qu'elle puisse être autre chose en son principe qu'un appel, une demande, en d'autres termes, un *entretien*. Quelqu'un me disait un jour : « L'exaucement de la prière de par l'intervention d'une volonté autre que la volonté de celui dont la prière émane, ne me paraissant pas admissible, pour moi, prier c'est descendre en moi-même, c'est méditer sur mon idéal moral et prendre enfin de nouvelles et viriles résolutions. » Eh bien ! non, ce qui était ainsi décrit, c'est un recueillement, un exercice de gymnastique spirituelle, qui d'ailleurs, par le temps qui court, peut être infiniment utile et dont il y a lieu de louer celui qui s'y voue ; mais ce n'est pas une prière, parce que c'est un monologue, et que se parler à soi-même n'équivaut pas le moins du monde à s'adresser à quelqu'un.

— Mais, diriez-vous, laisserez-vous croire à votre enfant que vraiment quelqu'un entend son appel, participe à l'entretien et répond ?

— Naturellement, puisque nous le croyons nous-mêmes, et que prier sans croire à l'efficacité de la prière serait une contradiction doublée d'un non-sens et équivaudrait en fait à nier la légitimité du besoin au moment même où il cherche à se satisfaire. Et sans doute, la prière pourrait en rester à l'adoration, à l'action de grâces, et telle quelle elle serait déjà bienfaisante, parce qu'elle serait déjà communion de l'Esprit, qui malgré notre déchéance demeure en nous, avec l'Esprit-Roi ; mais encore une fois, pour être la vraie prière, l'appel, l'intercession, doivent pouvoir s'ajouter au simple hymne mystique et comporter la confiante certitude qu'ils atteignent leur but. En d'autres termes, et à la suite de nos propres expériences en semblable domaine, nous laisserons s'épanouir dans l'âme de l'enfant la conviction qu'en priant, en demandant, il met en action la volonté, la puissance, qu'il sent supérieures à sa faiblesse et à ses humaines limitations.

Je sens qu'un tel langage étonne tout au

moins certains d'entre vous, qui seraient tentés de qualifier de présomptueuse l'attitude que je viens de définir comme pouvant être celle de l'Homme en face de Dieu. Vous vous rappelez, et peut-être feriez-vous vôtre la parole de Rousseau dans son *Emile* : « Je converse avec Dieu, dit-il, je m'attendris de ses dons. Mais que lui demanderais-je ? Qu'il changeât pour moi le cours des choses, qu'il fît des miracles en ma faveur ? Non, ce vœu téméraire mériterait d'être plutôt puni qu'exaucé. » (1).

Mais, sans doute, vous rassurerai-je, en vous disant que, pas plus pour nous que pour vous, il ne saurait être question, en effet, de dérogation à des lois établies par le Maître même de ces lois : il y a longtemps que, pour le croyant, le mot miracle a perdu ce sens que ne lui donne d'ailleurs pas l'Evangile, et nous nous défendons, avec énergie, d'avoir si peu que ce soit la pensée, selon nous blasphématrice de la sagesse divine, que l'action que notre confiante demande priée espère obtenir de l'amour et du pouvoir du Père, puisse entraîner un bouleversement des lois naturelles. Soyez tranquille,

(1) J.-J. Rousseau : *Emile*, Livre IV.

nous ne laisserions pas notre enfant demander
à Dieu que deux et deux fassent cinq, sans
l'avertir doucement qu'il fait fausse route. Mais
un fait est indéniable, c'est que nous ne
connaissons pas, et pour longtemps encore,
peut-être pour toujours, toutes les lois qui pré-
sident à la marche de l'univers et des événe-
ments ; un autre fait est tout aussi indéniable,
c'est que la science nous autorise à penser que,
comme on l'a dit, « il peut y avoir combinaisons
de certaines lois, sans qu'il y ait pour cela dérogation ». Or ces deux faits ouvrent à la prière-
intercession vis-à-vis du Souverain Législateur
des horizons qui en vérité suffisent à l'âme
humaine. Et ceci d'autant plus que l'inter-
dépendance du monde matériel et du monde
spirituel, dont nous parlions au début, les pré-
rogatives de celui-ci sur celui-là, autorisent la
foi sereine aux interventions de Dieu dans
l'un comme dans l'autre. Et voilà pourquoi, de
même que la prière de mon enfant, demandant
à Dieu de le rendre fort contre le mensonge,
m'apparaîtra touchante et naturelle, de même
je n'hésiterai pas à dire : « *Ainsi soit-il* », au
cri angoissé de son cœur, quand à genoux
devant le lit de sa mère gravement malade, il

aura dit, en la paraphrasant, la parole de l'Evangile : Mon Dieu, dis un mot, et maman sera sauvée.

Et ceci m'amène à vous dire, en finissant, comment ayant ainsi affermi, dans l'âme de notre enfant, la foi en la légitimité et en l'efficacité de sa prière, il nous est alors possible de purifier celle-ci, peu à peu, de tout ce qui, en elle, serait contraire à la notion même du Dieu de l'Evangile.

D'abord, puisque la prière établit une relation de l'homme avec Dieu, d'un fils avec son Père, nous veillerons à ce que la prière de l'enfant, comme la nôtre d'ailleurs, conserve un caractère extrêmement personnel. L'utilisation des prières toutes faites peut avoir son utilité, surtout lorsqu'il s'agit du modèle même de la prière, celle que le Christ enseigna à ses disciples (1) et qui demeure l'éternel canevas sur lequel nous avons à broder nos propres entretiens avec Dieu ; seulement il faut alors que

(1) L'oraison dominicale : *Notre Père qui es aux Cieux...*

le sens même des mots soit expliqué à qui va s'en servir, et que la pensée que contient la prière toute formulée, soit assimilée par l'enfant. Mais selon nous, rien ne vaudra le libre jaillissement de l'âme, de l'esprit et du cœur. « Je ne veux pas dire à Dieu la même chose qu'hier, s'écriait un enfant que j'ai connu, Il croirait que je me moque de lui ». Mot profond, protestation foncièrement religieuse contre ce que le Christ a appelé lui-même les vaines redites, contre le verbiage de la piété stéréotypée où ne chante plus aucune spontanéité. Personnelle et libre, voilà la prière selon le cœur de Dieu.

Et prière désintéressée aussi, je veux dire épurée de toute idée de ce marchandage éminemment païen qui s'exprimait par le « *do ut des* » de l'antiquité romaine : « Je te donne pour que tu me rendes. » En d'autres termes, nous dirons à l'enfant que la foi en l'efficacité de sa sincère et libre et confiante prière n'entraîne pas, ne doit pas entraîner la certitude d'un exaucement toujours conforme au désir exprimé. Transaction, oui, mais de deux libertés où la sagesse de l'une sait heureusement corriger les erreurs de l'autre.

L'appel à la source des énergies spirituelles s'exerçant sur le monde des corps comme sur celui des âmes reçoit toujours une réponse, et prier Dieu, on l'a dit, c'est, en quelque sorte, « lui donner une occasion de se réaliser » ; mais le contenu de la réponse ne peut être dicté. Un fils qui aime ne dit pas : « J'exige » ; il prouve sa libre et aimante confiance en disant : « Je voudrais ». Il ne prétend pas modifier une volonté qu'il sait sage, il se met dans l'attitude qui lui permettra de bénéficier en tous cas de la réponse faite à son souhait. L'apôtre Paul prie à trois reprises pour être délivré de la grave maladie qui s'enfonçait comme une écharde dans sa chair, et la délivrance vient non pas sous la forme de la guérison, mais dans le secret qui lui est révélé de transfigurer son épreuve en un enrichissement de son âme pour le service de l'Humanité. Le Christ dit : « Père, s'il était possible que cette coupe passe loin de moi. » Et la coupe ne s'éloigne pas ; mais, parce qu'il ajoute : « Que ta volonté soit faite », c'est en buvant la coupe qu'il sauve le monde.

Alors, direz-vous en une dernière objection : « Pourquoi la demande ? » Ecoutez la réponse d'un penseur chrétien : « Parce que la demande proclame, à elle seule, le rétablissement de l'être charnel dans le règne spirituel, c'est-à-dire l'ascension de l'homme à une hauteur où toutes ses volontés de créature ignorante et contradictoire se dissolvent dans la volonté glorieuse du Créateur librement acceptée. L'attitude morale de sa prière qui s'en remet à la Volonté de Dieu lui confère la maîtrise de l'Esprit. » Car, dire : « Je veux ce que Dieu veut », c'est dire : « Ce que je veux s'accomplira » (1).

Un mot encore, un dernier mot qui vous expliquera à lui seul le motif de nos prochains entretiens sur les conséquences morales qui doivent suivre l'épanouissement en l'enfant de sa foi religieuse. La prière n'est pas un point d'arrivée, mais bien un point de départ. Elle ne dispense pas, jamais nous ne nous lasserons de le dire comme éducateurs, elle ne dispense pas du travail, elle y introduit ; elle ne nous éloigne pas du grand labeur humain, elle nous

(1) A. WESTPHAL : *Vérités vitales,* page 169. Lausanne, Edition de La Concorde.

y mène. Elle ne nous fait solidaires de Dieu que pour nous mettre au service des hommes. Elle ne nous fait dire : « Notre Père » que pour, qu'ouvriers avec lui, dans son œuvre de restauration, nous le suivions sur la route qui conduit aux frères. Il faut que notre enfant prie pour devenir un homme : il faut qu'il prie pour que, libéré, il devienne libérateur.

V

L'Enfant devant la Souffrance

Nous sommes, semble-t-il, en droit d'affir-
mer, dès maintenant, qu'une foi religieuse *fon-
dée* sur l'expérience d'un secours surnaturel
corrigeant la faiblesse naturelle de l'homme,
confirmée par une Révélation biblique dont les
enseignements provoquent cette expérience et
la rendent féconde, *enrichie,* enfin par l'afflux
d'énergie spirituelle que lui vaut cette relation
immédiate avec Dieu qu'est la prière, constitue bien, pour nos enfants comme pour nous,
la plus indéniable, la plus incomparable, la plus
essentielle des forces qui sont nécessaires à
l'être humain décidé à vivre d'une façon conforme à sa vocation.

Avant de vous fournir une contre-épreuve
de la valeur éducative d'une semblable foi
en vous exposant successivement son rôle
dans l'éducation du sens social chez l'enfant, dans la formation de son caractère, dans
l'élaboration des disciplines qui doivent prési-

der à la vie de ses sens, — tels seront les sujets de nos trois derniers entretiens de ce mois, — je voudrais aujourd'hui m'attacher à vous montrer de quels magnifiques secrets de courage et de vaillance dispose, contre les douleurs de la vie et les mystères de la mort elle-même, l'homme qui humblement mais joyeusement peut s'écrier de bonne heure : « Je crois ».

Il ne faudrait faire aux enfants nulle peine, « même légère », disait un jour un grand poète (1) qui sut les aimer. Hélas, alors même que nous réussirions en ce qui nous concerne à leur épargner beaucoup de ces peines, ils n'en resteront pas moins constamment exposés, de par le fait même qu'ils vivent comme nous dans un monde désorganisé, à tous les chocs qui, tôt ou tard, meurtrissent l'esprit et le cœur des fils de l'homme. Et c'est pourquoi, plutôt que de les vouer à des défaites sans nombre et à de stériles découragements en tentant de les abriter toujours derrière le mur d'argile de nos

(1) Victor Hugo.

précautions, destinées un jour à se trouver en défaut, nous pensons qu'il est préférable de les armer le plus tôt possible contre l'inévitable souffrance: Et l'arme qui, en pareil domaine, s'est trouvée pour nous la plus efficace à l'expérience, c'est, sans aucun doute, ici encore, la Foi.

Seulement je sais bien que contre cette affirmation se dresse l'objection de ceux qui, précisément, n'arrivent pas à concilier l'existence d'un Dieu d'amour avec le fait même de la souffrance, de ceux qui reprennent, sous une forme ou sous une autre, l'expression populaire bien connue : « S'il y avait un Dieu, les hommes ne seraient pas malheureux comme ils le sont. » Cette objection, nos enfants la rencontreront tôt ou tard ; elle pourrait devenir, pour eux aussi, génératrice de doute et de désarroi moral. Aussi prendrons-nous les devants pour leur signaler ce qu'elle peut avoir d'inévitable et de grave ; mais, en même temps, comme l'Evangile apporte à ce problème une solution, nous leur demanderons de l'y chercher avec nous et comme nous de l'y trouver, dans la conviction où nous sommes qu'alors même qu'ils ne pénétreraient pas la totalité de l'insondable mystère, mieux vaut encore, pour eux et pour l'humanité, la souffrance transfigurée par la foi que la souffrance stérile et sans espoir.

Si par notre tendresse et surtout notre exemple nous décidons nos enfants à construire l'édifice de leur vie sur le roc d'une foi religieuse personnelle et vraiment fille de l'Evangile de Jésus-Christ, nous pouvons être tranquilles ! les orages de la douleur, la tempête des déceptions et des peines pourront survenir : l'édifice restera debout.

Oui, direz-vous, peut-être, parce que vous ferez d'eux des résignés ! Mais la résignation est une vertu passive, une attitude de vaincus. Et je réponds : — Nous connaissons ce reproche, qui provient d'un long malentendu ou plutôt d'une réelle ignorance du véritable enseignement évangélique : il ne nous atteint pas. Car pour nous, s'il y a quelqu'un à qui l'attitude, de la résignation passive a été étrangère, c'est bien au Christ, qui, dans l'Oraison dominicale, dans cette prière qu'il nous a laissée comme le modèle des nôtres, ne nous a pas, le moins du monde, appris à dire : « Notre Père enseigne-nous à nous résigner au mal », mais bien au contraire : « délivre-nous du mal ». La prière pour la délivrance est l'opposé de la prière pour la résignation. Il se peut que vous ayez entendu dire parfois par certains croyants, de toutes confessions, d'ailleurs, que Dieu étant la toute-puissance et la toute-sainteté et la toute-justice, le mal commis par les hommes devait être châtié par lui et que ce châtiment étant précisément la souffrance et son chef-d'œuvre, la mort, il n'y avait, dès lors, qu'à se courber. Il se peut même que vous ayez entendu ajouter qu'à force de savoir reconnaître dans n'importe quelle épreuve, fût-ce dans la mort d'un petit enfant, la main de la Providence, on peut espérer se créer auprès d'Elle des mérites qui désarmeront sa colère. Semblables enseignements ont sans doute leur grandeur, mais il ne faut pas confondre la plante évangélique avec une greffe d'origine païenne. Le Dieu de Jésus-Christ n'est pas la Némésis grecque, et c'est Lui et non pas elle que nous ont appris à aimer, dans la douleur, les saint Augustin, les saint François d'Assise, les Pascal et nos

Réformateurs. Voyez-vous, nous avons trop souffert naguère sur le front en entendant certains de nos camarades, officiers ou soldats, blasphémer après avoir lu quelque part que la guerre étant un châtiment de Dieu avait, par là-même, un caractère sacré et éternel, pour ne pas déclarer solennellement, avec les vrais croyants, qu'en vérité il ferait plus noir dans la foi en ce Dieu-là que dans les ténèbres de l'incrédulité. Enseigner semblable résignation à nos enfants : Non, nous ne serions plus chrétiens.

Que leur dirons-nous donc pour que l'édifice de leur foi demeure solide lorsque passera sur lui l'ouragan dévastateur.

***

Nous leur dirons d'abord ce que Jésus-Christ nous a dit : à savoir que dans nos détresses nous ne sommes jamais seuls. Les sages de ce monde nous ont dit : « Tu souffres, oublie, ou bien supporte et tais-toi; ou bien révolte-toi, ou bien, enfin, résigne-toi. » Et tous ces conseils ont toujours laissé l'Humanité meurtrie aux prises avec l'angoisse de ses solitudes. L'Evangile est autrement compréhensif, qui, avant que de sécher les larmes, commence par en dire la légitimité. *Jésus pleura* (1) : donc, nous pouvons pleurer aussi ; les larmes font du bien, elles n'irritent pas Dieu qui, bien au contraire, les comprend, parce qu'il est le Père, un Père qui va jusqu'à trouver naturel que, quand nous n'en pouvons plus de détresse, nous laissions monter vers lui le même cri que l'Homme des douleurs, crucifié en Golgotha : « Mon Dieu, mon Dieu, pourquoi ? ». Le Dieu du Christianisme est un Dieu qui ne s'offense pas des « pourquoi » humains. Comme nous sommes loin du fatalisme résigné et du stoïcisme farouche ! Et quelle première lumière nous allumons dans la nuit où demain pourront pleurer nos enfants en leur révélant ainsi, avec l'Evangile, *un Dieu qui les comprend.*

D'autant plus qu'un second enseignement, singulièrement libérateur, découle de cette première affirmation. Si Dieu comprend, si Dieu sympathise, c'est-à-dire « *souffre avec* » les hommes, mais c'est donc qu'Il n'est pas l'auteur de la souffrance. Et nous ouvrirons, ici encore, les saintes pages de l'Evangile avec nos

(1) Evangile selon saint Jean, chap. XI, v. 35.

enfants et nous leur montrerons que si Dieu se sert de la souffrance, s'il l'utilise dans l'éducation de l'Humanité, ce n'est pas Lui pourtant qui a déchaîné sur le monde le mal, le malheur et la mort. « C'est l'Ennemi, disait Jésus, qui a fait cela » (1), et par ce nom il désignait cette personnalité mystérieuse et mauvaise dont l'Histoire des religions a partout retrouvé la trace dans son étude des croyances humaines, et qui, conçue comme la force destructrice de l'œuvre divine, se trouve être, avec notre indéniable complicité, la véritable cause première du désordre de la création elle-même, avec toutes les conséquences qu'entraîne toujours un désordre quelconque, y compris la souffrance et la mort. Complices du grand perturbateur, nous sommes les ouvriers de nos propres malheurs, et dans la solidarité qui nous lie les uns aux autres comme membres de la même espèce déchue, il est inévitable que tous, un jour ou l'autre, tôt ou tard, nous ayons à boire à la coupe amère. Qu'est-ce qu'une guerre offensive, pour reprendre l'exemple de plus haut, sinon la somme totale, addi-

(1) Parabole de l'Ivraie. Evangile selon saint Matthieu, chap. XIII, v. 28.

tionnée tout à coup par quelque brigand de plus grande envergure, de tous nos égoïsmes, de tous nos orgueils, de toutes nos rapacités, qui, bien avant que le canon ait tonné, ont déjà armé et dressé les uns contre les autres des hommes qui, comme nous tous, refusent d'obéir à la Volonté de Celui qui a dit : « Aimez-vous les uns les autres. »

Mais, nous demanderez-vous sans doute, comment, dans votre enseignement religieux, concilierez-vous donc semblables affirmations avec votre foi en la Toute-Puissance de Dieu ? La question ne nous embarrasse pas. Il est un bien auquel un père, même terrestre, tient encore davantage qu'à l'obéissance passive et contrainte de son enfant : c'est la liberté même de cet enfant, qui, seule, fait de lui une créature morale, une vraie personnalité. Parce que nous voulons être des hommes et non pas des machines, en vérité je n'hésite pas à le dire : il vaut mieux encore le mal, le malheur et la mort avec la liberté que le bien, le malheur et la vie sans elle. Mais c'est précisément parce que, métaphysiquement, Dieu est tout-puissant, que Lui et Lui seul pouvait décider qu'au cours de cette période de l'histoire qui est sous le signe du Temps et de l'Espace, ces deux conditions, dit la philosophie, de l'Epreuve morale, Il mettrait volontairement comme limite à Sa toute-puissance ce qui serait le champ d'action même de la liberté humaine. Limitation d'ailleurs, qui ne L'a pas empêché, qui ne L'empêche pas de collaborer avec l'homme dans l'œuvre de restauration de sa liberté compromise et diminuée par l'emprise de la matière, en exauçant la prière où l'Esprit reprend ses droits et reconquiert son pouvoir, et en faisant surtout apparaître au cours de l'Histoire, Celui qui nous a appris à dire, du haut même des croix qui nous meurtrissent : « Père, que Ta volonté soit faite et non pas la nôtre ! »

— Mais, direz-vous encore, le mal physique, les catastrophes cosmiques, la souffrance des animaux ? — Oui, il y a encore, nous le savons, toutes ces torturantes énigmes. Pourtant ne sont-elles pas bien près d'être résolues par l'affirmation apostolique d'un saint Paul, nous rappelant, dans son Epître aux Romains, que la Création est encore dans l'enfantement, que, cosmiquement, comme en ce qui concerne l'évolution des règnes dits inférieurs, cette Création ne réalise pas encore le plan divin, mais qu'elle marche vers son achèvement dans la douleur d'un enfantement qui, comme tous les autres, sera pour tout et pour tous finalement rédempteur ? (1).

Car, c'est là le suprême réconfort dont l'Evangile nous permet de révéler le secret à ceux que nous voulons armer contre le découragement et le doute. Non seulement nous croyons au Dieu vainqueur, depuis que, saluant la fin du Mal, de la souffrance et de la mort, le Christ lui-même s'est écrié : « J'ai vu Satan tomber du Ciel comme un éclair (2) », mais nous croyons aussi que nous pouvons hâter cette victoire si, nous préoccupant moins du pourquoi de la souffrance, nous nous efforçons surtout de porter les fruits qu'elle fait mûrir.

« *L'Homme est un apprenti, la douleur est son Maître.* »

a dit le poète. La souffrance éducatrice, ce n'est pas un vain mot, c'est une expérience grandiose et séculaire. Souffrir dans l'esprit de ce Dieu qui n'a pas voulu la souffrance, pas plus qu'Il n'aurait voulu le péché et le désordre qui l'enfantent, mais qui l'utilise comme un aver-

(1) Epître aux Romains, chap. VIII, v. 20-23.
(2) Evangile selon saint Luc, chap. X, v. 18.

tissement et un appel, c'est accepter que nos douleurs nous grandissent, élargissent nos cœurs, nous portent à une sympathie effective à l'égard de qui souffre à côté de nous. Ceux-là seuls sont capables de consoler les autres, qui ont eux-mêmes pleuré. Et l'Histoire toute entière est là pour prouver, par les faits, que toutes les grandes initiatives qui ont eu pour but la lutte contre les fléaux qui désolent l'Humanité, furent toujours et sont dues encore à ceux qui, au lieu de se laisser écraser par leurs détresses, les dominent avec la force que Dieu donne, et mettent, au service des autres les enrichissements intérieurs qu'elles leur ont valus. Savez-vous pourquoi, dirons-nous à nos enfants, il y a aujourd'hui, rien qu'en France, des milliers et des milliers de vos petits camarades aux santés affaiblies par l'air vicié des mansardes, qui peuvent, à cette époque de l'année, goûter les bienfaits de la montagne et de la mer ? C'est parce qu'un jour, à côté même du cercueil de leur fille, un père et une mère promirent à Dieu de consacrer tout le reste de leur vie mutilée à l'enfance miséreuse et créèrent la première colonie de vacances. C'est à vous de dire si pareils enseignements sont, oui ou non, susceptibles de faire de nos fils et de nos filles des courageux et des forts dans les batailles contre la grande souffrance humaine. Parce que jamais on ne nous a offert, parce qu'on ne peut pas offrir à l'homme mieux que ce que donne l'Evangile à l'heure des larmes, nous persisterons donc à vouloir bâtir sur le Roc de la Foi chrétienne qui se confie à *Qui* comprend, et qui espère en *Qui* la délivrera, la Maison où l'avenir abritera ses angoisses et mûrira ses ambitions de salut individuel et d'universel bonheur.

VI

L'éducation du Sens Social

Le jour où le Christ s'est écrié : « Ce ne sont pas ceux qui disent : « Seigneur, Seigneur », qui entreront dans le royaume de Dieu, mais bien ceux qui font la volonté de mon Père » (1), il a pour toujours affirmé que la valeur de la foi religieuse d'un homme se reconnaît à l'influence qu'elle exerce sur la conduite même de sa vie. C'est « au fruit, disait-il encore, qu'on reconnaît l'arbre » (2). Solennel critérium, qui constitue un avertissement et une tragique responsabilité pour les croyants, puisque les incroyants ont, de par l'Evangile lui-même, le droit de ne nous juger fidèles à notre foi que s'ils peuvent dire de nous ce que l'on disait des chrétiens de l'Eglise primitive : « On voit bien que ces gens-là ont été avec Jésus » (3), ils vivent ce qu'ils croient !

(1) Evangile selon saint Matthieu, chap. VII, v. 21.
(2) Evangile selon saint Luc, chap. VI, v. 44.
(3) Livres Actes des Apôtres, chap. IV, v. 13.

En matière d'éducation, le suprême souci des parents doit donc être d'élever leurs enfants dans une libre, compréhensive et joyeuse obéissance aux disciplines morales qui découlent de leur foi.

Or, parmi ces disciplines, il en est une qui, sans conteste, doit apparaître à tout croyant comme primordiale. L'ancienne Alliance, déjà, avait uni, d'indissoluble façon, l'amour pour Dieu et l'amour pour le prochain. Mais c'est l'Evangile seul qui a légitimé, expliqué, normalisé en quelque sorte, un semblable enseignement, en faisant jaillir de la foi au Dieu Père, le devoir de la solidarité entre tous les hommes, fils de ce Dieu. *Le sens religieux a donc comme corollaire le sens social.* Une éducation religieuse qui ne tiendrait pas compte de cette loi, serait, par définition, le contraire de ce que doit être une éducation chrétienne.

Vous rencontrez sur votre route des croyants qui vivent comme s'ils étaient dénués de ce sens social ? nous le savons, et si vous en êtes scandalisés, permettez-nous de vous dire que nous, nous en sommes attristés et humiliés. Mais nous en appelons à votre équité comme à l'Histoire elle-même, pour vous demander de reconnaître que semblables contradictions ne furent pourtant pas coutumières, et que si depuis Jésus-Christ une « grande espérance a traversé le ciel », pour parler avec le poète, c'est parce que, dans le sillon de la vie humaine, la semence de l'amour fraternel, qui avait été jetée par l'Evangile, a pourtant assuré, à travers les siècles, de splendides moissons de justice et de solidarité. Une série d'entretiens, qui vous seront donnés plus tard sur ce sujet, vous montrera qu'en ce qui le concerne, le christianisme protestant n'a jamais cessé de traduire sa foi religieuse en applications sociales singulièrement utiles et aujourd'hui encore pleines de promesses. Pour éduquer le sens social de nos enfants, nous ne manquerons donc pas de les mettre en présence de ce qui est à l'honneur de leur foi et de leur famille spirituelle.

Rien pourtant ne vaudra, ici encore, comme de nous pencher avec eux sur l'enseignement biblique, et par-dessus tout, sur l'Evangile lui-même et sur Jésus-Christ qui l'incarne et le personnifie.

Il nous sera facile en premier lieu de provoquer chez eux une admiration qui pourra aller jusqu'à l'enthousiasme, à l'égard des prophètes hébreux. Ils se rendront compte, en relisant avec nous tels discours d'Amos ou de Jérémie, que rien ne ressemble plus à certaines indignations légitimes de notre temps contre les iniquités sociales, comme les imprécations saintes autant que violentes que firent entendre jadis à Jérusalem, au nom du Dieu de la sainteté, ces grands prédicateurs dont la parole effrayait jusqu'aux rois eux-mêmes, en même temps qu'elle relevait le courage des petits et des humbles. Et ce seront aussi les pages enflammées d'un Esaïe qui pourront les initier aux plus légitimes espérances de régénération d'abord nationales, puis s'étendant à l'univers, et qui n'ont rien d'utopique lorsqu'elles reposent, comme chez les prophètes, sur une confiance absolue en l'action divine elle-même. Nous pouvons vous assurer que de la communion avec le prophétisme hébreux nos enfants sortent toujours plus riches de foi en l'avenir, plus convaincus que l'on n'a pas le droit d'assigner une limite quelconque à la sphère d'action de la religion, qui doit tout pénétrer y compris les institutions, les lois et les mœurs.

Mais, pour enrichir davantage leur sens social, aux révélations de l'Ancienne Alliance, il nous est possible d'ajouter les richesses substantielles de l'enseignement évangélique lui-même.

Je n'en veux pour preuve ici que la signification profonde qu'a, en pareil domaine, cette charte incomparable des droits de Dieu et de ceux de l'homme fidèle à ce Dieu, qui s'appelle l'Oraison dominicale.

Avez-vous réfléchi que, dès les premiers mots de cette prière, le Christ a socialisé Dieu, nous interdisant de dire « mon Père », mon Père à moi tout seul, et nous invitant au contraire à lui crier « notre Père », notre Père à nous tous les hommes, fondant ainsi, et pour la première fois, sur le roc de la paternité divine le fait, inexplicable autrement, de la fraternité humaine, puisque jamais on ne vit des frères qui n'eussent pas un père commun. « Notre père qui es aux cieux. »

Avez-vous songé qu'immédiatement après, le Christ a affirmé que le bonheur des frères était lié à la victoire du Père, et que cette victoire ne devait pas être seulement celle du ciel, mais aussi celle qui doit être remportée, par et pour Lui, sur la terre. C'est faux de prétendre que le christianisme nous déracine et fait de nous des hommes qui doivent uniquement se préparer à bien mourir. C'est d'abord dans ce monde, sur cette planète qui doit nous être sacrée puisque le sang de Dieu l'a arrosée, c'est sur la terre que la volonté du Père doit être faite comme dans le ciel.

Avez-vous réalisé que les trois demandes précises qui viennent ensuite, constituent la triple solution de l'angoissante question sociale telle qu'elle continue à se poser de nos jours.

D'abord le problème économique, le « donne-nous aujourd'hui notre pain quotidien » (on peut traduire aussi « notre pain suffisant »). Jésus le premier a compris la légitimité des soins du corps, enveloppe mortelle de notre âme immortelle. Il a proclamé pour toujours qu'il y a parfois une véritable gageure à demander à un homme de songer à son âme, quand cet homme ne sait pas s'il aura, pour lui et pour ses enfants, de quoi vivre demain. A une époque où, innocentes victimes du désordre social, des milliers d'enfants souffrent de sous-alimentation et même de famine, prenons garde, nous qui nous réclamons du Sauveur des hommes, que notre prière : « donne-nous aujourd'hui notre pain quotidien » ne retombe sur nous pour écraser notre égoïsme tranquille.

C'est le problème moral ensuite, qui d'ailleurs conditionne le problème économique ; c'est le : « Pardonne-nous nos offenses, comme nous pardonnons... » ; c'est la prière pour la reprise des relations normales entre Dieu et ses fils et donc entre les frères eux-mêmes, qui jamais ne s'offenseront mutuellement comme ils ont offensé leur Père et qui, pour être pardonnés par Lui, n'ont aucun droit a prolonger entre eux l'impitoyable souvenir du mal qu'ils se sont fait réciproquement. Et c'est tout le programme des réconciliations entre les classes et les peuples.

C'est le problème religieux enfin, qui résume tous les autres, puisque de sa solution dépendent toutes les autres solutions, et c'est la prière pour qu'en présence de tous les obstacles qui barrent notre route vers un avenir de justice, d'amour et de sainteté, nous ne nous laissions pas aller à la tentation de succomber au doute et au découragement, mais que nous mettions toute notre confiance en Celui qui seul peut nous délivrer du mal ici-bas, et ailleurs, maintenant et au siècle des siècles. Car le programme rédempteur de l'Evangile est autrement large que celui des revendications uniquement terrestres des écoles matérialistes. La mort n'est pas pour lui une frontière limitant ses espérances ! La délivrance, nous ne devons pas seulement la vouloir pour nous et pour ceux qui viendront après nous, mais pour les générations qui déjà nous ont précédés, mais pour la totalité de l'espèce humaine, mais peut-être pour la pluralité des mondes, afin qu'un jour, partout et pour toujours, « Dieu soit tout en tous » (1).

Voilà l'Oraison dominicale dans toute son ampleur, et dont je vous demande en vérité si elle n'est pas faite pour donner à nos enfants le sens social, c'est-à-dire pour leur faire mesurer, dans sa poignante signification, le fait de leur responsabilité à l'égard de tous, responsabilité contre laquelle, dès l'aube des siècles, un premier criminel prétendait s'inscrire en niant être le gardien de son frère. Ils auront le sens

(1) Première Epître aux Corinthiens, chap. XV, v. 27-28.

social lorqu'après avoir prié de cette façon, ils se sentiront sous la loi fondamentale et libératrice inscrite dans cette autre parole apostolique : « Nul ne vit pour soi-même » (1) et que, se retrouvant en face des hommes, ils se sentiront obligés de les regarder en disant de chacun d'eux : « Je suis en lui et il est en moi ».

**

D'autant plus qu'il nous sera facile ensuite de les placer en présence des conséquences actuelles qu'a pour eux un semblable enseignement.

S'agit-il du patriotisme ? Jésus leur apparaîtra comme un véritable patriote qui a aimé sa Judée et sa Galilée et dont on sent que c'est son âme elle-même qui chante de tendresse chaque fois qu'il parle de sa nation : mais en même temps ils se souviendront que ce patriotisme de leur Maître était en fonction de son amour pour l'humanité elle-même ! Oui, c'est aux Juifs que Dieu a confié le soin de sa vigne, mais cette vigne, c'est le monde lui-même. Et nos enfants alors sauront que jamais on n'aime autant la France que quand on la

(1) Ep. aux Romains, chap. XIV, v. 7.

7.

veut grande de toute sa volonté de servir la cause humaine.

S'agit-il de l'attitude qui devra être la leur en présence des biens de ce monde ? Ils se souviendront que Jésus a été du peuple, qu'il n'a jamais eu rien à lui, pas même son berceau, a-t-on dit, pas même sa tombe, et qu'il a considéré non pas l'argent, qui est légitime en soi puisqu'il a un pouvoir créateur, mais *l'amour de l'argent*, l'idolâtrie de Mammon, comme le grand perturbateur de l'âme, comme l'agent responsable de toutes les haines qui divisent les classes et les peuples. Ils se rappelleront l'histoire du jeune homme riche dont les Evangiles nous disent que Jésus l'aima — car Jésus aime les riches comme les pauvres et en tout homme, qu'il s'appelle Judas ou saint Jean, il voit un enfant de Dieu —, mais ils n'oublieront pas la parole que le Christ prononça devant le refus de ce jeune homme d'entrer, en sacrifiant ses richesses, dans la petite cohorte de ses disciples : « En vérité, je vous le dis, il est plus facile à un chameau d'entrer par le trou d'une aiguille qu'à un riche d'entrer dans le royaume de Dieu » (1) ; et nos enfants alors sauront

(1) Evangile selon saint Marc, chap. X, v. 25.

pour le reste de leur vie qu'ils doivent être maîtres de leur argent, pour que leur argent ne soit pas maître d'eux.

S'agit-il enfin des méthodes même à utiliser aujourd'hui pour l'avènement d'un monde plus fraternel et plus juste, c'est encore Jésus-Christ qui leur apprendra que la force et la violence n'auront jamais un pouvoir régénérateur, mais bien uniquement l'amour et l'esprit de sacrifice. L'idéal social chrétien ne ferme pas le poing devant les iniquités, il ouvre les bras comme à Golgotha. Pour le salut du monde, ce n'est pas le sang des autres que le Christ a fait couler, c'est le sien qu'il a offert.

*
* *

Un dernier mot : notre effort pour donner à nos enfants le sens social, pour faire d'eux les ouvriers de cette cité future que le Christ a appelée le royaume de Dieu, serait vain, il serait même néfaste si nous n'ajoutions pas devant eux, fidèles ici encore au message de l'Evangile, que toute transformation de la société est subordonnée à la crise intérieure qui doit se passer dans chaque conscience individuelle. Le Christ n'est et ne sera avec ceux qui rêvent d'une humanité meilleure, que

si à leurs revendications sociales ils ajoutent
le programme qui est tout entier contenu dans
la parole qu'il adressait autrefois au parle-
mentaire juif Nicodème (1) : « Si un homme
ne nait pas de nouveau, s'il ne devient pas une
nouvelle créature, il n'est pas propre au
royaume de Dieu ». Pourquoi ? *Parce qu'on
ne fait pas une Société bonne avec des individus mauvais.*

Ce n'est que quand notre vie est régénérée
par l'esprit de Dieu qu'elle peut devenir une
cellule nouvelle dans le corps social, appelé
lui-même à être par elle sanctifié et sauvé.

En appelant nos enfants à la seconde naïs-
sance, à ce que l'Evangile nomme la conver-
sion, nous avons conscience que nous faisons
d'eux les meilleurs prophètes de l'avenir, les
meilleurs serviteurs de la Patrie, les vrais
reconstructeurs des foyers de demain.

Et il y a dans une semblable certitude de
quoi expliquer encore notre reconnaissance à
l'égard de la foi religieuse qui est la nôtre, et
dont nous souhaitons si profondément qu'elle
devienne celle de notre génération elle-même.

(1) Evangile selon saint Jean, chap. III, v. 3.

VII

La formation du caractère

Une des plus lumineuses paroles de l'Evangile est sans conteste celle que le Christ adressait à ceux dont ils voulaient faire ses continuateurs, lorsque, formulant en quelque sorte son testament spirituel, il leur disait, peu de jours avant de les quitter : « Vous serez vraiment mes disciples si vous portez beaucoup de fruits, car c'est ainsi que vous ferez honneur au Père. » (1).

Ce n'est pas le moins du monde le salut par les œuvres qu'il enseignait par un tel propos, puisqu'il avait soin d'ajouter : « Hors de moi, vous ne pourriez rien faire » (2) et qu'il laissait ainsi à la Foi confiante dans le secours d'en-haut et obéissante à la volonté de Dieu, son rôle primordial et rédempteur ; mais, s'il proscrivait par là toute recherche d'un mérite personnel dans

(1) Evangile selon saint Jean, chap. XV, v. 8.
(2) Evangile selon saint Jean, chap. XV, v. 5.

l'effort de l'homme pour saisir la main paternelle et miséricordieuse tendue vers lui, il affirmait en même temps que la foi est morte qui se contente d'être une croyance intellectuelle ou un formalisme ritualiste et n'accepte pas que l'Esprit la fasse s'épanouir en une *vie* de tous les jours conforme aux ambitions de Dieu à l'égard de ses enfants.

Un premier épanouissement de la foi consiste, nous le disions il y a huit jours, dans ce développement du sens social qu'il nous appartient de cultiver dans la conscience de nos fils et de nos filles et qui fera d'eux de bons ouvriers de la cité juste et fraternelle. Mais on ne peut donner que ce qu'on a : servir les autres exige qu'on s'appartienne à soi-même d'abord et, si la nouvelle naissance qui est l'œuvre en chaque homme de l'esprit de Dieu fait seule de cet homme une cellule vivifiante et assainissante du corps social, c'est précisément en le rétablissant dans sa valeur individuelle et en lui proposant comme but à atteindre la stature même du Fils de l'homme.

Le propre de la foi religieuse est donc de faire de celui qu'elle anime un *caractère*. En tant qu'éducateurs croyants, il nous faut tout mettre en œuvre pour que se forme en notre enfant une *personnalité* et que s'épanouisse en lui une forte individualité.

*
* *

On définit le caractère comme l'ensemble des tendances et des qualités morales qui distinguent une personne. Il faut avouer que notre époque ne se signale pas précisément à l'attention par une abondance d'hommes ayant du caractère, c'est-à-dire susceptibles de ne pas être confondus avec tout le monde. Nous avons tous plus ou moins l'impression que nos contemporains sont faits comme les machines modernes, en série. Les mentalités sont interchangeables ; on a les habitudes de son milieu, les idées de son journal, les passions de son parti ou de sa classe. On suit, pour tout dire, mais de moins en moins on est soi. Tout cela nous apparaît contraire à l'individualisme chrétien qui, s'il doit être social et précisément parce qu'il est social, met l'accent sur la formation de la personne. « Que servirait-il à un homme de gagner le monde s'il venait à y perdre son « moi » (1), « le meilleur de ce « moi » son âme ».

— Pourtant, direz-vous, c'est aussi l'Evangile qui recommande de « mourir à soi-même ». — Il n'y a pas contradiction. C'est le vieux moi qui doit mourir, parce que c'est lui qui met obstacle en nous à ce que l'apôtre appelle la liberté glorieuse des fils de Dieu, et que ce n'est en effet que quand nous l'avons condamné à mort que devient possible notre affranchissement intérieur qui conditionne tous les autres et nous libère en particulier de la tyrannie des modes, des engouements, de tout ce panurgisme intellectuel et social qui nous menace et nos enfants en même temps.

Car il ne faut pas confondre ces besoins d'indépendance, dont nous avons dit précédemment qu'ils caractérisent notre présente jeunesse, avec l'amour de cette liberté qui crée la personnalité. A l'indépendance qui leur permettrait de ressembler à tout le monde, nous devons tenter de leur faire préférer les disciplines qui permettent de devenir quelqu'un. « Redresser la tête, pour employer quelques belles expressions du philosophe chrétien

(1) Evangile selon saint Matthieu, chap. XVI, v. 26.

Gourd, se refuser à toute concession, remonter le courant, tourner son aile contre le vent, se poser s'il le faut en pleine solitude pratique ou théorique, apporter le malaise, le savoir, le vouloir, s'en réjouir », voilà ce que c'est que d'avoir du caractère pour un disciple de Jésus-Christ ; voilà ce que nous nous efforçons de proposer comme idéal à nos enfants en les mettant ici encore à l'école de quelques-uns de ces hommes de la Bible, ou de l'Histoire religieuse humaine qui se refusèrent justement aux adaptations faciles, les Moïse, les Esdras, les Amos, et aussi les saint Paul, les Chrysostome, les Savonarole, les Jean Huss, les Wilberforce, et tant d'autres de ces héros sans peur, de ces caractères d'airain, et dont le cœur savait rester tendre parce que c'est pour les autres qu'ils entendaient conquérir leur liberté dans l'obéissance aux ordres de leur conscience et de leur Dieu.

Et si vous me demandez maintenant sur quelles routes précises il y a lieu pratiquement de marcher, pour que s'y forme le caractère de nos enfants, je soumettrai à votre libre appréciation les points de vue auxquels nous conduit une triple expérience.

***

En premier lieu, le caractère se forme sur le bon chemin de la *vie simple*. Rien n'est plus générateur de déséquilibre moral, pour l'enfant comme pour l'homme, que la multiplicité des besoins, d'abord factices, et qui deviennent bientôt toujours plus exigeants, au fur et à mesure qu'on se voue à la poursuite de leur satisfaction. Plus un enfant a de jouets, disait Charles Wagner, moins il s'amuse (1) ; nous dirons que plus un homme se crée de besoins, plus il devient leur esclave. Sous prétexte de se faire une vie plus facile, agrémentée, croit-on, de toutes sortes de commodités, en réalité on se la complique, ce qui est grave, autant, du reste, que maladroit. A prétendre s'éviter de la peine, on devient mou vis-à-vis du devoir et de ses rudes appels. Les blasés ne savent plus vouloir ; seuls ceux qui savent contrôler leurs goûts et discipliner leurs habitudes, conservent en eux une source toujours jaillissante de nouvelles énergies vitales. Il ne s'agit pas de faire de nos enfants des ascètes. « L'ascétisme

(1) Ch. WAGNER : *La vie simple,* nouvelle édition 1905, page 273. Librairie Armand Colin, Paris.

qui va jusqu'à la cruauté envers soi-même, a dit récemment un penseur chrétien, et qui conduit d'ailleurs, ajoutait-il, à la dureté et au fanatisme, rend impropre aux devoirs de la vie. Il n'est donc pas dans l'esprit de l'Evangile » (1). Mais entre l'ascétisme et la vie ouatée à laquelle il arrive, trop souvent, qu'on habitue l'enfant, il y a place pour ces habitudes de simplicité qui lui permettront plus tard, selon la belle parole d'un éducateur, « de ne pas se vendre pour un peu de bien-être » (2), et d'éviter ces soucis écrasants et anémiants dont le Christ a dit qu'ils n'ajouteront jamais une coudée à notre taille. Il y a des privations qui sont éducatrices de liberté, et grandir un peu « à la dure » forme le caractère.

Et de même, en second lieu, un *retour à la véritable conception du travail* et à l'amour qu'il provoque lorsqu'il est considéré comme il doit l'être.

Car il y a une conception démoralisante du travail, destructrice de toute droiture dans le caractère; c'est celle que notre époque a vu

(1) M. DUGARD : *Sur les frontières de la Foi*, page 144. Alcan, Paris, 1928.
(2) Ch. WAGNER : *op. cit.*

triompher, la conception du travail marchandise, du travail qui ne vaut que parce qu'il rapporte immédiatement (1) : nous avons semé le mépris du travail, en le rabaissant à n'être plus que ce qui permet d'acheter du bien-être, des honneurs, de la considération ou du plaisir. Au-dessus de lui il y a l'argent qui seul vaut, le travail n'étant plus qu'un moyen, ayant si peu de valeur en soi que, s'il est possible de se procurer de l'argent avec un minimum de travail, l'occasion est trop bonne pour qu'on la laisse échapper, dussent pour cela les exigences de la probité professionnelle être plus ou moins sacrifiées. Le travail, n'étant qu'une marchandise, devient lui aussi sujet à toutes les fraudes. Semblable mentalité, de nos jours très fréquente, menace notre jeune génération jusque sur les bancs de ses écoles ; elle prépare des habiles et des débrouillards, mais elle est tueuse de caractères.

Voilà pourquoi il faut revenir à la conception religieuse et biblique du travail. Telle est notre conviction en tant qu'éducateurs.

— Mais, direz-vous, le christianisme n'a-t-il pas affaibli la notion du travail ? Les Ecritures

(1) Voir : Charles WAGNER : « *Justice* », chap. : *Travail*.

ne le considèrent-elles pas comme une punition de la chute originelle, et dans ses Béatitudes, le Christ n'a-t-il pas donné comme exemple à l'homme, les oiseaux de l'air qui ne sèment ni ne moissonnent, et les lys des champs qui ne travaillent ni ne filent.

Ne faites pas dire, je vous en prie, à la Parole divine ce qu'elle n'a jamais enseigné. Le travail est si peu considéré par la Bible comme une punition, qu'elle a bien soin de nous dire, dans les récits où elle nous conte les origines humaines, que la créature placée par Dieu dans la joie du paradis terrestre, y devait s'employer à en cultiver la beauté. Ce n'est pas le travail qui est un châtiment de la chute puisqu'il l'a précédée, c'est la peine et la souffrance qu'il peut coûter, étant donné les conditions dans lesquelles il faut qu'il se poursuive au sein d'une société et d'une nature en proie aux désordres enfantés par la rupture volontaire des hommes d'avec Celui qui est la source des énergies toujours renouvelées. Par leur égoïsme et leurs injustices, les hommes ont gâché la tâche qui leur avait été confiée, et ils en pleurent ; mais ce même labeur leur redevient sacré, ils en oublient la peine, si dans la poursuite de cette tâche, ils transfigurent le travail par la pensée de son utilité, de sa grandeur, par la conviction qu'il fait partie de l'ordre à rétablir ici-bas, si travaillant, ils se sentent pour tout dire « ouvriers avec Dieu », dont Jésus disait : « Mon Père travaille toujours, et moi aussi je travaille » (1). Et c'est la joie d'un semblable travail, exempt de tout souci paralysant, que Jésus symbolise dans son exemple plein de charme des oiseaux de l'air et de la fleur des champs (2). La religion du Christ, c'est la religion du travail. Vous connaissez la parole de son disciple Paul : « Celui qui ne travaille pas ne doit pas non plus manger » (3).

Donc nous dirons à nos enfants, pour que leur amour du travail fasse d'eux des caractères, qu'un labeur quel qu'il soit a quelque chose en soi de divin, qu'il y a de la beauté dans l'acte le plus humble, puisqu'il est créateur. Nous élèverons nos fils et nos filles dans le culte du travail désintéressé, estimé pour lui-même et non pas seulement pour ce qu'il rapporte : nous leur demanderons de ne pas faire,

(1) Evangile selon saint Jean, chap. V, v. 17.
(2) Evangile selon saint Matthieu, chap. VI, v. 26 à 28.
(3) Deuxième Epître aux Thessaloniciens, chap. III, v. 10.

de distinctions orgueilleuses entre les formes diverses du travail, et nous tenterons de leur faire comprendre qu'en peinant, le soir, sur leurs devoirs, ils doivent se sentir les frères et les sœurs, pleins de respect, de ceux qui, à la même heure, balayent d'un geste mécanique et sans grandeur apparente, le sol d'une salle d'usine, tout noir des poussières empuanties du jour. Et leur caractère se virilisera à songer qu'il y a en effet parfois plus de noblesse vraie dans le fait de porter avec bonne humeur un lourd fardeau qui déchire l'épaule que dans l'étude maussade de quelques vérités scientifiques dont on grogne d'avoir à se meubler le cerveau.

Ici encore d'ailleurs l'exemple vaudra toutes les paroles : le jour où votre enfant s'apercevra que pour vous, son père, le travail est autre chose que la préoccupation, trop fréquente de nos jours parmi les hommes d'affaires, et dans laquelle on s'enfonce jusqu'à l'âme comprise, de réussir et d'arriver pour pouvoir plus briller ou plus jouir, le jour où il comprendra que vous êtes maître de votre travail et qu'il vous laisse l'imprescriptible liberté de votre meilleur moi, vos capacités de tendresse en particulier pour les heures du foyer, il se dira, votre enfant, que son travail à lui sera comme le vôtre, non un dur esclavage, mais un épanouissement, et son caractère énergique demeurera en même temps un caractère égal et joyeux.

Il est une dernière et suprême liberté dont l'acquisition doit être par nous recommandée à nos enfants si nous voulons qu'ils deviennent des hommes dignes de ce nom et dignes par conséquent de la foi religieuse vraiment fille de l'Evangile.

Plus encore que dans des habitudes de vie simple, plus que dans l'amour du travail, le caractère se forme dans les batailles pour *une totale sincérité avec soi-même et avec les autres :* le mensonge est destructeur de la personnalité comme il est le grand perturbateur de la vie en société. Le monde est en train de mourir asphyxié par l'atmosphère de mensonge qu'on y respire. Du mensonge qui se dit on passe tout naturellement à l'acte qui trompe et l'on contribue ainsi, sans même en avoir conscience, à transformer l'état social en un véritable repaire, où la vie devient tous les jours plus difficile à vivre, avec toutes les conséquences de découragement et d'anémie morale qui en résultent finalement pour chacun. Et je sais bien que cela aussi est un fruit naturellement pourri du matérialisme pratique qui sévit présentement dans nos existences à tous, mais c'est aussi le résultat inévitable des compromissions auxquelles consentent trop de croyants eux-mêmes en matière de sincérité. Ils sont loins, ceux-là, de la vigueur morale qui animait jadis le grand législateur Moïse lorsqu'au seuil même de la loi qu'il apportait à son peuple de la part de Dieu, il inscrivait la parole souveraine : « Tu ne mentiras pas », loin de l'esprit qui inspirait à un autre prophète juif cette autre parole courageuse : « Les lèvres menteuses sont en abomination à l'Eternel » (1), loin surtout de l'âme même de Celui qui disait que c'est la Vérité qui libère, et qui ajoutait : « Que votre oui soit oui, que votre non soit non, tout ce qu'on y ajoute vient du Malin » (2).

Et l'on a ajouté, on s'est adapté, on a affaibli la gravité du mensonge, on s'est permis de parler du mensonge joyeux, du mensonge officieux, du mensonge de politesse, de les distinguer du mensonge pernicieux, seul

(1) Proverbes, chapitre XII, v. 22.
(2) Evangile selon saint Matthieu, chap. V, v. 37.

complètement défendu, comme si tout mensonge n'était pas pernicieux pour celui qui s'y livre ; on a autorisé les restrictions mentales, les directions d'intention, que sais-je encore. Ah ! comme il serait temps qu'un nouveau Pascal livrât bataille contre semblables déformations de l'enseignement de Jésus-Christ.

Car il faut réagir si nous voulons que nos enfants soient demain, plus que nous ne l'avons été, des caractères. Il faut que le mensonge cesse d'être considéré comme une sorte de nécessité sociale. Non, « la parole n'a pas été donnée à l'homme pour cacher sa pensée », selon le paradoxe dangereux d'un cynique qui se croyait averti. L'homme de caractère est celui qui dit : « Mon intérêt va peut-être en souffrir, mais tant pis pour mon intérêt pourvu que je ne perde pas le respect de moi-même. » « Qu'est-ce qu'un martyr, a-t-on dit, sinon un homme qui a mieux aimé mourir que de mentir. » Souvenez-vous de notre Jeanne d'Arc, dont on vous parlait ici récemment et qui mourut de son absolue sincérité. Souvenez-vous surtout de Celui qui, en face de la Croix qu'on dressait déjà dans l'ombre, disait à son juge prêt à le condamner : « Je suis venu pour rendre témoignage à la vérité » (1).

Voilà les exemples rédempteurs que nous avons à donner à nos enfants et à incarner surtout devant eux, leur assurant que nous passerons peut-être sur certains travers avec plus d'indulgence, mais jamais sur le mensonge, qui est un vol, le vol de la vérité, un crime, celui qui dresse les uns contre les autres les individus et les peuples. L'homme vraiment fort contre les épreuves et les difficultés de la vie, l'homme qui veut être prêt pour les initiatives hardies, celles qui finissent d'ailleurs la plupart du temps par être les plus heureuses — car la piété chrétienne a les promesses de la vie présente comme de celle qui est à venir — c'est l'homme qui sait être soi-même dans ses paroles comme dans ses actes, qui provoque ainsi tôt ou tard l'estime, c'est surtout le croyant qui, se souvenant de l'impitoyable sévérité de son Maître pour les hypocrites, s'est dit une fois pour toutes que la Foi en Dieu, c'est-à-dire l'Amour pour le Père et pour les Frères, est à jamais incompatible avec tout ce qui ressemble même de loin au mensonge.

(1) Évangile selon saint Jean, chap. XVIII, v. 37.

Et la raison même d'être du Protestantisme, c'est, par fidélité à sa Foi, de s'imposer à lui-même de telles disciplines pour avoir le droit de les proposer à sa jeunesse ainsi qu'à sa génération.

VIII

Les disciplines du Cœur

Si, vous conformant à notre incessante recommandation, vous faites de la Bible et de sa lecture attentive et consciencieuse, la fidèle compagne de votre recherche religieuse, il nous semble impossible qu'elle ne vous apparaisse point, comme à nous, le grand champ nourricier sur lequel il n'y a qu'à se pencher pour en extraire les récoltes les plus substantielles. Elle est bien décidément le livre de la Vie vraie, de la vie que nous avons tous besoin d'apprendre à vivre, la vie selon l'Esprit, la seule qui soit conforme à la dignité de nos origines et à la grandeur de nos destinées.

Telle est la conviction qui, une fois de plus, m'anime au moment où, songeant à notre jeunesse contemporaine, aux enfants dont nous avons charge d'âme, j'aborde, en ce dernier entretien sur nos principes protestants d'éducation religieuse, le redoutable et poignant problème des disciplines du cœur.

J'ai dit redoutable problème, et vous me comprendrez si vous songez en effet à quel point il est grave que tous les parents ne soient pas d'accord sur la nécessité et surtout sur la possibilité de la pureté des sentiments et des mœurs chez ceux devant qui s'ouvre la vie ; et j'ai dit poignant problème aussi, car je sais qu'il évoque la pensée douloureuse de tous les jeunes qui souffrent déjà des blessures reçues au cours de leur rencontre avec le vice empoisonneur, qui ne se consolent point d'avoir laissé souiller leur idéal, et qui en veulent, souvent avec raison, à ceux qui n'ont pas su ou qui n'ont pas voulu les mettre en garde et les protéger contre des défaites dont on ne dira jamais assez les répercussions tragiques qu'elles peuvent avoir sur toute une vie.

Eh bien, l'enseignement biblique, révélateur pour nous de la Volonté divine elle-même, est en pareil domaine d'une prodigieuse clarté et d'une précision qui ne laisse place à aucun malentendu possible. Pour la Bible, la vie n'a un sens que si elle est une ascension. C'est dans la mesure où l'homme se dégage de l'animalité et se rend maître de ses instincts qu'il devient une personne humaine, capable de réfléter l'image divine de son Créateur. Donc est contraire à la vocation de l'Homme tout ce qui est susceptible de ternir en lui cette image.

La vieille sagesse du psychologue si averti qu'était l'auteur du livre des Proverbes ne s'y trompait pas lorsqu'elle mettait sur les lèvres d'un père parlant à son fils, cette recommandation souveraine : « Garde ton cœur plus que toute autre chose, car c'est de lui que jaillissent les sources de la Vie » (1). Et le Christ allait bien plus loin encore dans l'affirmation du rapport étroit qui unit la vocation suprême de l'homme à sa lutte constante contre toute sensualité mauvaise, lorsqu'il disait dans l'une de ses immortelles Béatitudes : « Heureux ceux qui ont le cœur pur, car c'est eux qui voient Dieu » (2). C'est en nous rivant sur de semblables déclarations, où palpite une vérité conforme aux expériences de ceux qui, de tout temps, furent des forts parce qu'ils crurent aux disciplines du cœur, que nous envisagerons toujours, quant à nous, en pareille matière, notre devoir d'éducateurs.

(1) Proverbes, chapitre IV, v. 23.
(2) Evangile selon saint Matthieu, chapitre V, v. 8.

⁎⁎

Il faut avouer que ce devoir, qui jamais ne fut aisé, est au temps où nous sommes plus ardu encore.

Pour tout ce qui concerne en effet l'éducation du sens moral chez l'enfant, pour tout ce qui touche à la pureté des jeunes, nous nous heurtons à un certain nombre d'aphorismes qui ont pris, pour beaucoup de nos contemporains, la forme de véritables dogmes auxquels on ne peut toucher sans provoquer soit des ironies qui se croient des arguments, soit des accusations d'hypocrisie qui rendent immédiatement impossible toute discussion.

Il y a plus : le déséquilibre intellectuel, moral autant que social qui caractérise notre génération totalement désaxée depuis le séisme de la guerre, se traduit par une sorte de capitulation des meilleurs devant la marée montante des mœurs faciles et relâchées. Quelqu'un ne réclamait-il pas naguère encore que soient enfin reconnus les droits de l'homme non seulement à penser ce qu'il veut, mais à faire tout ce qui lui plaît, le droit disait-on, à la liberté folle, à la liberté impudique ! En pareille épidémie d'amoralité, le danger de la contamination est tel qu'on finit autour de nous par ne plus croire à l'efficacité d'aucun sérum. La rue, le théâtre, le livre, le journal lui-même constituent trop souvent de tels bouillons de culture pour le microbe de cette anarchie des mœurs, que beaucoup se demandent pourquoi et comment d'ailleurs ils feraient effort pour échapper à la contagion. Parfois on entend bien la protestation de quelques consciences qui s'effraient, on assiste aux réactions indignées de braves gens qui réclament avec de tels cris d'angoisse l'intervention du pouvoir, que la lutte contre le fléau paraît s'organiser ; mais ce qui l'emporte bientôt, c'est l'indifférence de la masse, c'est l'atonie des consciences, c'est l' « après-nous le déluge » de ceux qui veulent, disent-ils, « vivre intensément » et danser autour de la statue du veau d'or moderne la ronde folle que mène la déesse Astarté. Et c'est un fait que le vice devient de plus en plus cynique et j'ajoute de plus en plus précoce.

Car il est fatal que les jeunes subissent, eux aussi et de très bonne heure, les conséquences d'une semblable indiscipline des mœurs. Ils ont tellement entendu dire qu' « il faut vivre sa vie », qu'il faut « jeter sa gourme », qu' « il faut que jeunesse se passe », que dans beaucoup de milieux, aussi bien en haut qu'en bas de ce qu'on appelle l'échelle sociale, ils sont tout prêts à croire qu'on se moque d'eux lorsqu'on leur parle autrement. Ne vivent-ils pas dans un pays et en un temps où, suivant le mot d'un écrivain qui fut naguère célèbre (1), « la pureté d'un garçon de vingt ans est un sujet de plaisanteries traditionnelles et presque nationales », où la revendication d'une seule morale pour les deux sexes semble vraiment ne plus avoir sa raison d'être étant donné qu'il est fréquemment admis que ces deux sexes peuvent bien semblablement se passer de morale. D'ailleurs nous ne sommes pas seuls atteints, peut-être même, en dépit de certaines légendes intéressées, le sommes-nous moins que d'autres, ce qui n'est pas une consolation, je m'empresse de le dire. Mais c'est un bien tragique avenir que préparerait à la civilisation la victoire d'une pareille faillite des disciplines du cœur et des sens. A brève échéance, ce serait pour elle l'atrophie menaçante et fatale de sa

(1) Jules Lemaître.

force cérébrale, l'inévitable et progressive disparition de ses énergies.

Donc la tâche est difficile qui consiste à vouloir remonter pareil courant et à sauver de la
catastrophe ceux-là mêmes qui, par ailleurs,
sont invités à en rire. Raison de plus pour s'y
atteler courageusement, pour livrer bataille aux
agents destructeurs de la race, et s'il y a des
coups à recevoir, des ricanements à supporter,
avouez que c'est là chose bien secondaire quand
il s'agit ni plus ni moins que de ne pas démériter du nom sacré de père et de mère et que
de rendre fécond le sacrifice, aujourd'hui
menacé d'inutilité, de ceux qui moururent pour
que vive la France.

⁂

A ce que je viens de dire vous avez compris
que, pour nous, l'initiation de l'enfant aux disciplines du cœur et à la maîtrise des sens appartient avant tout aux parents. Parce que cette
initiation est délicate, parce qu'elle exige un
tact infini, il semble bien en effet que ceux qui
peuvent le mieux la poursuivre efficacement
sont ceux qui ont une connaissance plus appro-

fondie de la nature même et des tendances de l'enfant.

C'est à tort que souvent certains parmi ceux-ci s'en remettent à d'autres éducateurs, plus aptes sans doute, de par leur savoir scientifique, à un enseignement théorique, mais à qui forcément il sera toujours difficile de conformer cet enseignement même, aux dispositions ou aux circonstances personnelles de tels ou tels de leurs élèves. Ce n'est d'ailleurs que très récemment que semblables matières ont pris place dans les programmes, et les maîtres dévoués de nos enfants ne se font pas faute de souligner l'ingratitude de leur rôle en pareil domaine. Faudra-t-il donc que les révélations nécessaires, très vite nécessaires aujourd'hui, soient dues à des conversations plus ou moins louches de camarades, à des lectures qui souvent deviennent malsaines, du fait même qu'elles renseignent sur des sujets dont l'enfant est en droit de se demander pourquoi à la maison on ne les aborde pas franchement avec lui ? C'est un grand malheur que ce silence fréquent du foyer, que beaucoup de parents prétendent légitimer, en disant qu'ils ne veulent pas effaroucher la pudeur de l'enfant, alors que bien souvent aussi les sous-entendus et les allusions dont sont faites leurs conversations, sont autrement dangereux pour qui ne manque pas de les noter au passage. Il y a un confessional tout naturel, dont nous croyons que Dieu approuve l'institution sacrée, c'est le cœur plein de tendresse intelligente d'un père et d'une mère qui sachant, au besoin, provoquer franchement les questions et les confidences, montrant qu'il est possible, normal et naturel, de parler tout haut et proprement et sainement de ces sujets qui ont leur grandeur, prennent les devants pour armer leurs fils et leurs filles contre toute dangereuse déformation du jugement et démolir à jamais devant eux les sophismes mortels dont nous parlions tout à l'heure.

Or jamais, et vous comprenez bien que c'est là que je voulais en venir, jamais ces conversations ne sont aussi naturelles et faciles, jamais elles ne sont susceptibles de porter des fruits aussi savoureux, que quand elles s'intègrent dans une éducation religieuse. Si, comme nous l'avons dit et démontré, c'est dans sa foi que l'enfant peut le mieux acquérir le sens social, l'amour du Père le conduisant tout naturellement à l'amour des frères, si c'est sa foi qui lui révèlera le mieux dans la vie simple, l'ardeur au travail désintéressé, la totale véracité, prescrits par l'Evangile, le secret d'un caractère robuste, c'est encore et toujours s'il croit au secours d'une force spirituelle extérieure à lui-même et qui s'offre à transfigurer sa faiblesse naturelle, qu'il trouvera les secrets des fortes disciplines du cœur et les armes qui rendent vainqueur des tentations mauvaises de l'instinct.

Je m'en voudrais de paraître mésestimer, si peu que ce soit, la thérapeutique des morales indépendantes et fondées sur la seule raison. Et je ne méconnais pas non plus les résultats partiels que peut avoir la mise en garde contre les conséquences désastreuses pour la santé physique et intellectuelle, qui sanctionnent souvent l'indiscipline des mœurs ; mais l'insuffisance de ces méthodes de prophylaxie morale, qui se limitent à la peur du danger, n'est-elle pas révélée par cette hypertrophie de la sensualité, dont le monde souffre aujourd'hui ?

C'est au respect de soi-même, à l'amour de

soi-même, dont parle l'Evangile, c'est au respect des autres, à l'amour des autres, dont parle ce même Evangile, qu'il y a lieu de faire appel pour que nos fils et nos filles gardent leur cœur plus que tout autre chose, et se conservent propres dans leurs pensées et dans leurs actes. Or, ce double respect fait d'un double amour, comment le mieux légitimer qu'en le fondant sur la foi en la dignité originelle de l'Homme et donc en sa filialité divine.

Si Dieu n'est pas, si les Hommes ne sont pas ses fils, si la vie n'est que l'ensemble de nos fonctions organiques, si la pensée n'est qu'une sécrétion de la matière cérébrale, si le corps n'est qu'un agrégat de molécules dû au hasard, si la vie en société n'est que le résultat de conventions qui ne se légitiment que par l'utilité qu'elles peuvent avoir pour l'animal humain, qu'est-ce donc qui pourrait m'obliger à respecter ces conventions, cette pensée, ce corps, cette vie, lorsque mes sens exigent satisfaction ?

Alors même que nos certitudes religieuses, qui font notre joie, demeureraient pour vous hasardeuses, dites-nous si, au contraire, nous ne sommes pas tout au moins logiques avec

notre foi, lorsque voulant que pour être fort,
selon le mot de Michelet, notre enfant reste
pur, nous dressons devant lui, au nom de notre
foi elle-même, l'idéal même, l'idéal moral, que
nous demandons à Dieu de nous aider à incarner d'abord devant lui, et qu'en finissant je
veux ici résumer devant vous, en ces termes
qu'avec émotion je livre à la libre appréciation
de vos cœurs de père et de mère :

« Mon enfant, lui dirons-nous, tu es de race
divine ; elle est déchue ta race, mais elle se sou-
vient tellement du ciel, elle sait si bien que le ciel
a visité la terre en la personne de Dieu lui-
même, qu'elle pressent, et toi avec elle, qu'il
faut qu'elle soit rétablie dans sa dignité première. Il t'appartient d'y travailler toi-même.
Respecte en toi le dieu intérieur qui te parle de
la part de l'Autre. Ce n'est pas seulement ce
que tu entends appeler ton âme qui doit t'être
sacré, c'est ta personne toute entière, c'est ton
corps qui est appelé à être, suivant la parole de
saint Paul, le temple de l'Esprit (1). Par lui se
perpétue la vie : tu la créeras à ton tour, dans
une heure d'autant plus sainte, qu'elle s'auréole
de pure tendresse et s'illumine de la pensée de
l'enfant qui viendra. On te trompe, tout hom-

(1) Epître aux Corinthiens, chap. VI, v. 19.

me de vraie et consciencieuse science te le
dira, en essayant de te faire croire que tu ne
peux pas attendre jusqu'à ton mariage cette
heure créatrice. On meurt de faim, personne
n'est jamais mort de cette sage et virile
patience. Crois-moi, un jour viendra où l'on
t'enviera la joyeuse fierté d'en fournir toi-
même une preuve nouvelle.

« Respecte la femme. Elle est fille de Dieu
comme toi tu es son fils. Respecte-la *toujours* ;
même lorsque l'égoïsme des hommes, la misère, la solitude, l'ont fait tomber ; vois en elle
une sœur de ta mère et songe que le Christ a
relevé la femme adultère, que les pharisiens
voulaient lapider.

« Choisis la compagne de ta vie parmi les
filles de ta race, une Française, ou qui soit en
tous les cas heureuse de le devenir ; dans ta
propre famille spirituelle ou en tous les cas qui
la comprennent au point de t'y rejoindre ; car
l'union des cœurs est plus certaine quand elle
repose sur une belle communauté de principes
et d'aspirations. Et songeant à celle qui sera ta
femme, dis-toi à l'avance que la dignité de son
maintien comme jeune fille, la pudeur de ses
propos, son attente joyeuse des maternités

futures, sont faites pour mettre à jamais sur son visage plus de charme vainqueur, plus de jeunesse et de grâce, que les artifices trompeurs où le désir de plaire s'achève trop souvent par une défaite de l'intelligence et du bon goût. Et quand tu l'auras trouvée et que tu l'aimeras, cette femme pour laquelle il vaut la peine de te conserver propre et neuf, alors mets-toi à genoux et remercie Dieu, car c'est encore là Bible qui le dit, une femme pareille est « la gloire de l'homme » (1).

Voilà les disciplines du cœur qu'inspire la Foi.

Et si en une dernière question vous me dites : — « Parfois il est trop tard pour parler ainsi, et le cœur de l'enfant est déjà terni. Alors que lui dites-vous ? » — Ma seule réponse consistera à vous rappeler qu'il y a dans l'Evangile une bien belle histoire, qui s'appelle la parabole de l'Énfant prodigue. Je crois au Dieu qui tend les bras et qui sait retrouver et relever ceux qui bien souvent ne tombent que parce qu'ils s'imaginaient pouvoir marcher tout seuls. Mais comme ils s'aperçoivent que dans leur cœur souillé ne se reflète plus la lumineuse image

(1) I Corinthiens, chapitre XI, v. 7.

de Celui dont ils croyaient pouvoir se passer, —
l'étoile ne se distingue plus dans l'eau devenue
boueuse — alors ils crient vers la Foi, *et à ce
cri il est toujours répondu.*

Ainsi s'achèvent ces entretiens sur les principes protestants d'éducation religieuse. Je ne
dis pas que de suivre ces principes nous évite
toujours les déceptions et les chagrins, mais
ils nous valent, d'une façon générale, de bien
profondes joies.

Parmi ces joies, il en est une plus belle
encore que toutes les autres et pour vous
comme pour nous, je la souhaite ardemment.
Oui, heureux serons-nous, si, quand il nous fau-
dra quitter ceux qui auront été la chair de notre
chair, nous les voyons recevoir de nos mains
défaillantes le flambeau de l'idéal que nous
aurons tenté de leur inspirer et de vivre devant
eux, en attendant la reconstitution des foyers
d'ici-bas dans cet au-delà que le Christ a appelé
la « Maison du Père » et que postule dans
nos cœurs de parents aimants et croyants la
certitude que nous ne serions pas capables de
tellement aimer nos enfants si l'amour n'était
pas plus fort que la mort.

TABLE DES MATIÈRES

CAHORS, IMP. COUESLANT (*personnel intéressé*). — 37.408.

ACHEVÉ   D'IMPRIMER
LE 29 NOVEMBRE 1929
SUR LES PRESSES DE
COUESLANT A CAHORS

Editions de " LA CAUSE "

Port et emballage 10 0/0 en plus

69, rue Perronet, Neuilly-sur-Seine
C. P. *La Cause*, Paris 255-00

E-27

11-29

Prix : 10 fr.

"